青少年革命传统教育绘图本

# 毛主席转战陕北的故事

子木 著/绘

首都师范大学出版社
CAPITAL NORMAL UNIVERSITY PRESS

**图书在版编目（CIP）数据**

毛主席转战陕北的故事：青少年革命传统教育绘图本 / 子木著、绘. -- 北京：首都师范大学出版社，2024. 11. -- ISBN 978-7-5656-8501-9

Ⅰ. D642-49

中国国家版本馆CIP数据核字第2024GB0700号

MAO ZHUXI ZHUANZHAN SHANBEI DE GUSHI
**毛主席转战陕北的故事**
子木　著/绘

项目策划　徐建辉
责任编辑　车　慧
首都师范大学出版社出版发行
地　址　北京市西三环北路105号
邮　编　100048
电　话　010-68418523（总编室）　010-68982468（发行部）
网　址　http://cnupn.cnu.edu.cn
印　刷　北京印刷集团有限责任公司
经　销　全国新华书店
版　次　2024年11月第1版
印　次　2024年11月第1次印刷
开　本　710mm×1000mm　1/16
印　张　5.5
字　数　72千
定　价　63.00元

版权所有　违者必究
如有质量问题　请与出版社联系退换

## 子木老师对你说

在中国西北广袤无垠的黄土高原上，有一个叫作陕北的地方，那里处处是起伏的山峦，纵横的沟壑，九曲十八弯的滚滚黄河从这里穿过。自古以来，那里的人们都居住在窑洞里。窑洞，就是在黄土坡上掏一个大洞，然后加固、装上门窗而成的冬暖夏凉的房间。

由于独特的地貌因素，陕北曾是风沙飞舞、寒冬漫长的荒凉之地。恶劣的自然环境也造就了陕北人民淳朴、豪放、乐观的性格，形成了陕北大秧歌、信天游、剪纸等众多民间艺术。

抗日战争胜利不久，国民党随即发动了内战。1947年，蒋介石动用20万军队重点进攻中共中央所在地——延安。为了牵制敌人的主力部队，党中央和毛主席决定主动撤离延安，开始转战陕北。毛主席和周恩来、任弼时率领只有几百人的中央前委，在地形复杂的陕北高原牵着敌人的鼻子兜圈圈。转战途中，毛主席经常要在老百姓的家中宿营，住在极其简陋的土窑洞里。在转战陕北的370天里，毛主席和当地老百姓亲密相处，发生了许多真切感人的故事。

随着祖国的强大，如今的陕北已经发生了翻天覆地的变化，下面咱们就和正观、芊诺、皓源三个小朋友一起寻找毛主席转战陕北走过的地方，看看毛主席住过的土窑洞，画画那里的黄土高原，听听窑洞里发生的故事吧。

2024年1月于北京观上书苑

## 主要人物

毛泽东——转战陕北时任中共中央主席

周恩来——转战陕北时任中共中央副主席

任弼时——转战陕北时任中央机关直属队司令员

彭德怀——转战陕北时任人民解放军西北野战军司令员兼政委

陆定一——中央前委政委

叶子龙——中央前委参谋长

贺清华——警卫参谋

阎长林——毛主席的警卫排长

李银桥——警卫员

李讷——毛主席的女儿

胡宗南——国民党高级将领

子木——美术老师

正观——芊诺的哥哥

芊诺——正观的妹妹

皓源——芊诺的同学

# 目 录

皓源

芊诺

01 ……　三个土豆
03 ……　一张特别的办公桌
05 ……　大个子宣传员
09 ……　军民一起忙春耕
12 ……　闯祸的小青马
14 ……　和警卫员一起挖野菜
16 ……　办公室里的酸菜缸
18 ……　洋戏匣子
20 ……　遭遇敌人
26 ……　房东给首长包饺子、做年糕
29 ……　三个干女儿
32 ……　喝上甘甜的井水
34 ……　把苹果还给老乡
36 ……　一只大碗
40 ……　由此向前
43 ……　要好好读书
46 ……　险渡五女河
48 ……　喂，我是毛泽东

50 …… 大牲口不能吃

52 …… 给房东娃娃起名字

54 …… 钱钱饭

59 …… "千里眼"

61 …… 我也是来看戏的

63 …… 服从命令的毛主席

66 …… 没法再补的衬衫

68 …… 被马咬耳朵的小男孩

70 …… 拒绝祝寿

72 …… 东渡黄河

子木

正观

## 三个土豆

抗日战争胜利不久，蒋介石就派胡宗南的部队向陕甘宁边区发动了重点进攻，大批飞机在党中央驻地延安上空轮番轰炸，扔下无数炸弹。此时的毛主席仍然镇定自若地在王家坪的窑洞里写作，警卫员多次催他到防空洞里去躲避。

"不要紧，窑没事，厚着呢。"

毛主席正说着，警卫员石国瑞从外面捡了一块弹片拿给他看，他接过还有些发烫的弹片，在手里掂了掂。

"这个很好啊！可以打两把菜刀哩。"

……

为了解放全中国，党中央决定主动撤离延安。

1947年3月18日，党中央和毛主席在夜色中离开了延安，开始了艰苦卓绝的转战陕北的征程。凌晨时分，他们来到一个叫刘家渠的小山村，住进了刘月吉家的土窑洞里。

第二天早上，毛主席让警卫员把房东叫来聊天，问他家有没有土豆，警卫员在旁边解释说："就是你们说的洋芋。"房东听完就跑去后院端来一些土豆，毛主席拿了三个，然后让警卫员递给他两毛钱。房东说啥也不要，毛主席说："不要不行，我们有三大纪律八项注意！"

倔强的房东推来让去就是不要钱，但又不好耽搁毛主席工作，只好拿着钱走了。

上午，国民党的飞机就飞到了刘家渠上空。

刘家渠山高沟深，村子比较隐蔽，中央部队的几辆汽车都藏在沟里，用杂草盖着，有的汽车没被盖好，被敌机发现了，就听见机关枪打在汽车上，挡风玻璃被打碎了的声音。敌人没有侦查到毛主席和周恩来住的窑洞，所以他们没有伤着。过了一会儿，敌人的几架飞机又来了，在空中盘旋了很长时间，还是没有发现目标，就无奈地飞走了。

下午，在天黑之前，毛主席准备离开刘家渠。临走的时候，毛主席让警卫员把房东家收拾、打扫得干干净净。警卫员在检查物品的时候，发现窗台上用一块小石头压着的两毛钱，他一猜就是房东回窑洞拿东西时，趁人不注意悄悄地放这里的。毛主席得知后，吩咐警卫员找到房东把钱再送过去。

毛主席走了以后，胡宗南的部队才追到刘家渠，可惜连一个解放军的影子也没发现，他们在村子里胡乱搜查了一阵子，随后就往村东面追去了。

## 一张特别的办公桌

某日深夜,毛主席和只有十几名警卫员组成的小队伍,顶着寒风转移到一个叫高家硷的村子,住在了高玉张家的窑洞里。当时,窑洞里是石板炕,警卫员担心石板太阴凉,就在毛主席的炕上放了一块门板。窑里没有桌子,他们就拖过来两口大缸,把擀面用的面板放上去,给毛主席当办公桌用。

毛主席走进窑里,一眼就看见了那张特别的办公桌,于是跟警卫员开玩笑说:"你们对工作是越来越熟悉了,很不错嘛!"然后,他又看见了炕上的那块门板,就提醒战士说:"摘门板一定要经过房东的同意,走的时候一定要把门板装好,屋子打扫干净,用具要放回原处,借的东西要还回去。铁的纪律是我们革命队伍的光荣传统,也是我们能够团结广大群众和打败敌人的重要条件。"

警卫员们听了毛主席的话,异口同声地说:"我们一定会按照主席的吩咐做好。"

其实,在摘门板之前,警卫员是找到房东问了的,房东高玉张毫不犹豫地答应了。

毛主席还说:"在战争环境里,我们接触老百姓的机会很多,一定要格外注意群众影响。这几日,我们在这里不要有动静,让群众安心生活。我们要安安静静地在这里观察敌人占领延安后的动向,为我们的下一步行动做好准备。"

我也要画。

毛主席住过的窑洞很多都塌了,这儿的窑洞保护得真好!

我们先画画,住下来慢慢听故事。

## 大个子宣传员

毛主席、周恩来、任弼时率领着只有几百人的中央前委，在陕北复杂的沟沟峁峁里与国民党胡宗南的部队机智地周旋，在陕北老百姓的掩护下，敌人总是近在咫尺，却又总是追不上他们。

1947年4月，中央前委转移到一个叫青阳岔的小镇上，住在村民王锦绣家的窑洞里。

有一天下午，毛主席看完手里的电报，走出窑洞，来到青阳岔镇上散步，看见有一家门店，顾客还挺多，便饶有兴致地走过去。他坐在一条板凳上，微笑着问店老板："老乡，生意好吗？"

"生意可以着呢，就是敌人不想让我们过好光景哩。"

"蒋介石、胡宗南想要在陕北消灭我们，那是痴心妄想。不过，你们做生意的目标很明显，要学会躲避，不要硬碰硬，那样会吃亏的。该藏的东西要藏起来，不要让敌人得到便宜。我们解放军很快就会打回来的，那时大家就可以安生做生意了。"

"我们早就盼着这一天呢。"

街上的人见有一个威武的大个汉子讲得很有道理，就都凑过来听。

"我们的队伍是为老百姓服务的，这一点是不会变的。刚才我跟店老板说了很多，大家可以跟他聊。"毛主席说完起身要走，又突然告诉阎长林："我们的牲口在他家店里喂养，不要忘记给店老板付钱。"

"你们是为我们老百姓打天下的，就是我们的亲人，我只不过是帮你们喂喂牲口，怎么能要钱呢！"店老板推让着不肯要。

06

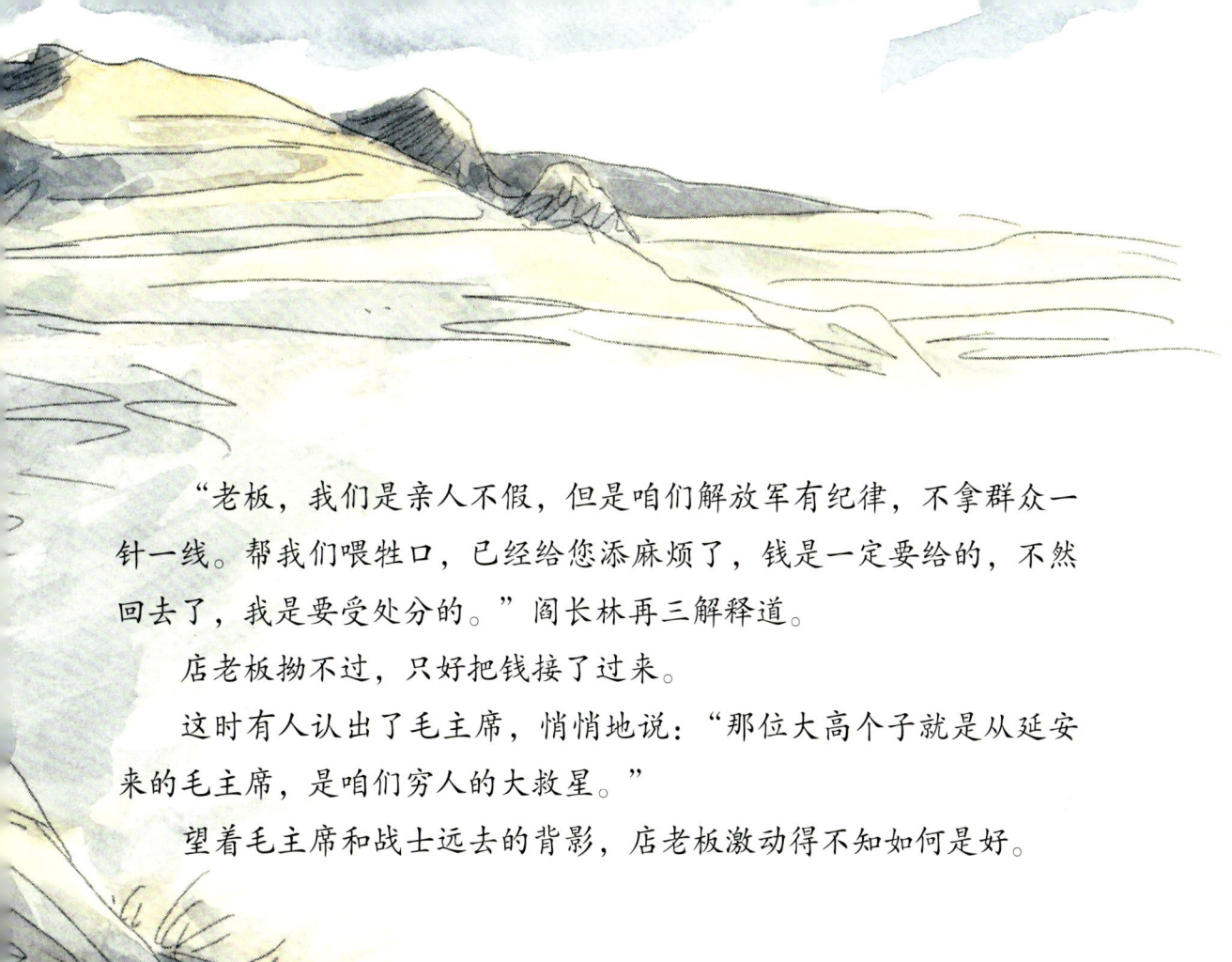

"老板,我们是亲人不假,但是咱们解放军有纪律,不拿群众一针一线。帮我们喂牲口,已经给您添麻烦了,钱是一定要给的,不然回去了,我是要受处分的。"阎长林再三解释道。

店老板拗不过,只好把钱接了过来。

这时有人认出了毛主席,悄悄地说:"那位大高个子就是从延安来的毛主席,是咱们穷人的大救星。"

望着毛主席和战士远去的背影,店老板激动得不知如何是好。

老师，毛主席在王家湾住了这么长时间，一定有很多故事吧？

王家湾这个地方，山高沟深，地形复杂，敌人在青化砭战役中吃了败仗，一时不敢靠近。那年春旱，老百姓要吃粮，党中央和部队也要吃粮，都到了最困难的时期。毛主席决定在这里多住些日子，和老百姓一起耕地种粮，部署进一步打击敌人。

## 军民一起忙春耕

王家湾地处陕西省延河流域与无定河流域的分水岭地段，山高、路远，沙化严重，是个自然条件十分恶劣的偏僻山坳。那时，种地打粮是村里人唯一的生计，5月的陕北，正是春耕春种之际，住在王家湾的毛主席，经常挤出时间到村里去调查，了解村民的疾苦，帮助群众解决实际困难。

1947年，王家湾自开春以来就没有下过透雨。村里的青壮年都拉着牲口去支援前线了，剩下的老人、妇女、娃娃看着犁头直发愁，无力耕种。为了生活，还是有人拖着老弱的身体去地里干活，没有牲口的，他们就自己犁地，从早到晚也犁不了多少。了解到这个情况，毛主席跟身边的工作人员说："我们住在这里，本来就给群众增加了负担，一定要帮助他们把生产搞好，解决他们的生活问题。如果春天不把地种好，秋后就没有吃的，明年群众的生活怎么办，战争也就更加困难。"

毛主席亲自动员驻扎在王家湾的机关人员和警卫战士帮助群众生产，并提出将中央首长们骑的马都拉去架犁抢种。大家听了毛主席的布置后，都热情高涨。中央前委把支援群众当作重要任务，和村干部一起安排农业生产，并且优先帮助抗属、烈属和支前的农户。

第二天，到处都能看到中央前委的人赶着牲口在耕地、播种，就跟在南泥湾开展大生产运动时那样，老百姓无不笑逐颜开。往常村里种地都是用牛和毛驴，老百姓第一次看到用马和骡子犁地，都感到很新鲜。有村民看到一匹大白马总是犁不好地,就七嘴八舌地议论起来,后来才知道那是毛主席骑的马。毛主席骑的大白马是一匹蒙古草原马,从来没有干过农活,地没有犁成,就给牵回去了。

毛主席见大白马被送回来了,就奇怪地问阎长林:"怎么没有把我骑的马拉去犁地啊?"毛主席听了阎长林的解释后笑着说:"看来,牲口和人一样,并不是什么都会干的,这是不能勉强的,那就各尽其

能好了。"

阎长林只好牵着大白马向马圈走去，毛主席紧追几步又说："不是说我们机关有'六多'吗？其中有牲口多，现在正是用它们的时候，尽量都拉去帮助农民群众种地吧。"

于是，在春天里的王家湾，首长、战士、村民、牲口齐上阵，漫山遍野，耕田播种，好不热闹。

……

## 闯祸的小青马

住在王家湾窑洞里的毛主席,几乎每天都通宵达旦地工作,指挥着全国的解放战争,同时还要忙着解决当下的经济困难问题。

有一天,遵照毛主席的吩咐,阎长林和贺清华从中央前委机关牵出了毛主席骑的另一匹马,大家都亲切地叫它"小青马",去帮助村民犁地。这匹小青马别看个头不大,但力气很大,平时比较温顺,是毛主席最喜爱的马。但是这匹小青马也从来都没有干过农活,更没犁过地。

小青马被硬生生地套上缰绳,又让它去拉犁,这下它可不干了。贺清华见小青马不听使唤,就不由自主地抽了它一鞭子。

小青马哪受过这样的对待,心想:我的使命是驮部队首长的,我才不要去干犁地的苦活呢!随即小青马便连蹦带跳地往山下跑。

阎长林大喊道:"小青马惊了,快追啊!还拉着犁呢!"

贺清华也手忙脚乱地和阎长林一起去追。他们知道这匹小青马对部队来说是多么重要,更清楚犁对于农民来说又是多么金贵,马和犁都不能出现闪失。真是怕什么来什么,恰巧犁地用的铧是跟村民李德银家借来的,犁被小青马拉着到处乱跳,一碰到石头上,"啪啪"地作响。马受到惊吓,就跑得更快了,结果地没犁成,还把犁上的铧给碰破了一个大口子。

阎长林和贺清华当天就把这件事汇报给了毛主席。

毛主席对阎长林说:"我们有三大纪律八项注意,损坏东西要赔偿。

你们去把老乡请来,一要道歉,二要赔偿!"

李德银听说部队要赔偿他,坚决不要。

毛主席深知对农民来说,农具是多么重要,坚决要赔。

考虑到本地买不到犁地用的铧,要到很远的瓦窑堡才能买回来,来回路费也不少呢。经过大家再三劝说,李德银最终接受了3斗米的赔偿。在当时,这个价可是不低呀!

原来这个三角形的铁疙瘩就是铧呀,像个太空飞行器。

## 和警卫员一起挖野菜

有一天，毛主席带上两名警卫员在王家湾的山坡上散步，手里拿着一根木棍儿一会儿捅捅这儿，一会儿捅捅那儿，就像个好奇的大孩子，又像个考古队员，低头猫腰，像是在寻找什么。

毛主席玩得开心，就忘了回去的时间。近日来，敌人的部队在离王家湾仅二十多公里的周围搜寻党中央和毛主席的踪迹，警卫员十分担心毛主席的安全，好几次提醒他该回去了。毛主席微笑着对警卫员说："危险是存在的，但是我们周围有人民群众，是好人还是坏人，群众分得最清楚，还没等敌人靠近，我们就知道了。"

警卫员听了都点头说是。

"再往前走走，看看有没有好玩的。"毛主席开心地说道。

大家走到一处有水的洼地，毛主席的视线突然停在了一片绿油油的野菜上，他惊奇地说："你们快来看，认识这是什么东西吗？"

警卫员都摇头说不认识。毛主席乐呵呵地说："这种野菜南方很多地方都有，来到北方就很少见了。在延安的时候种过，很好吃的，挖一些回去，让厨房师傅给炒个菜。"

大家拿着挖来的野菜回到住处，交给了厨房高师傅。高师傅见了欣喜地说："这可是好东西啊！长征的时候没有菜吃，就挖这种野菜来充饥，救活了不少红军战士，我们都管它叫'救命菜'呢。要是早点儿发现就好了，主席和首长们也早就有菜吃了。"

警卫员说："这还是李德胜（毛主席化名）同志发现的呢。"

从此，高师傅就让大家到附近去挖这种野菜。在那段时间里，首长和战士们能经常吃上这种野菜。它究竟是一种什么样的野菜呢？经过了解，当年毛主席和警卫员在水沟发现的野菜就是黄花菜。

毛主席和中央前委住在王家湾的56天里，与当地村民一样，采摘并食用各种山野菜和榆钱儿、榆树叶等天然的食物。这些饥荒时的充饥之物，首长和战士们却吃得津津有味。

## 办公室里的酸菜缸

在其他地方，毛主席一般都是单独住一孔窑洞，出于安全和工作的考虑，工作的时候，毛主席的窑洞是不允许别人随便进入的。但这次住在王家湾就大不相同了，村子小，窑洞少，毛主席和周恩来、陆定一等只能同住在一孔窑洞里，既要睡觉，又要办公。这孔窑洞内部分为里外两个小房间，毛主席住在里面，进出都要经过周恩来和陆定一住的地方。房东家的酸菜坛子和粮食，都放在毛主席住的那孔内窑里。房东薛儒宪不但每天进窑洞里取一两次粮食和酸菜，而且也不管首长们是不是在办公，进去就翻弄酸菜，弄得满窑都是酸味儿。为了安全，警卫员就跟着进去。

有一天，毛主席和周恩来都在窑洞里办公，薛儒宪又去拿酸菜，警卫员对他说："你一次多拿一些不好吗？不要每天都进去嘛。"

"好是好啊，后生娃，可是拿多了没地方搁啊。"

"你这老汉真麻烦！"警卫员跟他开玩笑。

开玩笑的话被毛主席听见了，他停下工作，走出窑洞对警卫员严肃地说："你这个小鬼，人家的东西还不能随便拿吗？老乡把窑洞腾出来让给我们住，他们家那么多人都挤在一起，是我们麻烦，不是他们麻烦。"

毛主席向薛儒宪招手："来吧，来吧，你什么时候想拿就进来拿，我们住你的窑洞，是给你添麻烦了。"

薛儒宪见警卫员害羞地低下了头，便赶紧跟毛主席说："首长啊，可不是后生的错啊，后生是好后生，是我太麻烦。"

　　警卫员听薛儒宪替自己说话，立刻精神起来，将身子立正挺直，头很有力地抬起，目视前方，继续着自己的工作。

　　薛儒宪随着毛主席的脚步，也轻轻地往里走。毛主席回到内窑里的炕上继续办公，陆定一看见薛儒宪走进窑里，抬手跟他打招呼，并递给他一支香烟。与首长们相处久了，薛儒宪也懂得了一些细节，他接过烟并没有抽，像得了宝贝一样，把香烟装进口袋里，轻轻地向陆定一点了点头，走进毛主席住的窑里取了一碗酸菜，然后又悄悄地走了。

　　等薛儒宪走后，周恩来出来跟警卫员说："你们工作要灵活一些，我们都在这里办公，已经影响到了老乡的生活，老乡进来拿东西时，你们就不要跟进来了，老乡还是很有觉悟的。"

　　从那以后，薛儒宪再进窑里拿东西，警卫员就不跟着了，默契得像一家人。有时毛主席还会留住薛儒宪说一会儿话，听他讲以前跟着八路军打鬼子的故事，有时也帮着他从窑里取一些东西出来。

17

# 洋戏匣子

住在薛儒宪家的窑洞院子里,毛主席和几位首长经常收听新华广播电台的播音。

有一次,薛儒宪见他们正兴高采烈地盯着一个木头盒子听,就好奇地走到跟前,侧着耳朵听。他搞不明白是怎么回事,就问:"这个盒子里怎么有个女子在说话呢?声音真好听哩,这是什么东西?她是怎么钻进去说话的?"薛儒宪一连串问了许多,逗得大家哈哈大笑。

当时广播的内容正是真武洞祝捷大会的消息,大家正高兴呢。

任弼时说:"老乡,今年3月,国民党蒋介石派了胡宗南率领二十多万兵马,还有飞机、大炮,进攻延安。咱们的队伍撤离延安以后,胡宗南又派各路人马紧紧追赶,围追堵截我们只有几百人的中央前委,同时还盯着在陕北只有两万人的解放军,企图消灭咱们。但是有人民群众的拥护,有陕北黄土高原的保护,咱们却以极少的兵力取得了青化砭战役、蟠龙战役和羊马河战役三个大胜仗啊!并且告诉全军和全国人民,毛主席还在陕北。我们正从这个'洋戏匣子'里听胜利的好消息哩。"

我怎么从来没见过,老师,我也想知道。

薛儒宪激动地说:"毛主席留在陕北,这太好了!可是我还是不知道这个女子是怎么进到盒子里说话的呢?"

毛主席笑着说:"那我们就把戏匣子的原理讲给薛老汉听听吧。"

任弼时又耐心地给他讲起了收音机的构造和原理。

祖祖辈辈生活在山沟里的薛儒宪可算是开了眼界,等中央前委离开王家湾以后,他再也忍不住了,在村里逢人便说洋戏匣子的事。

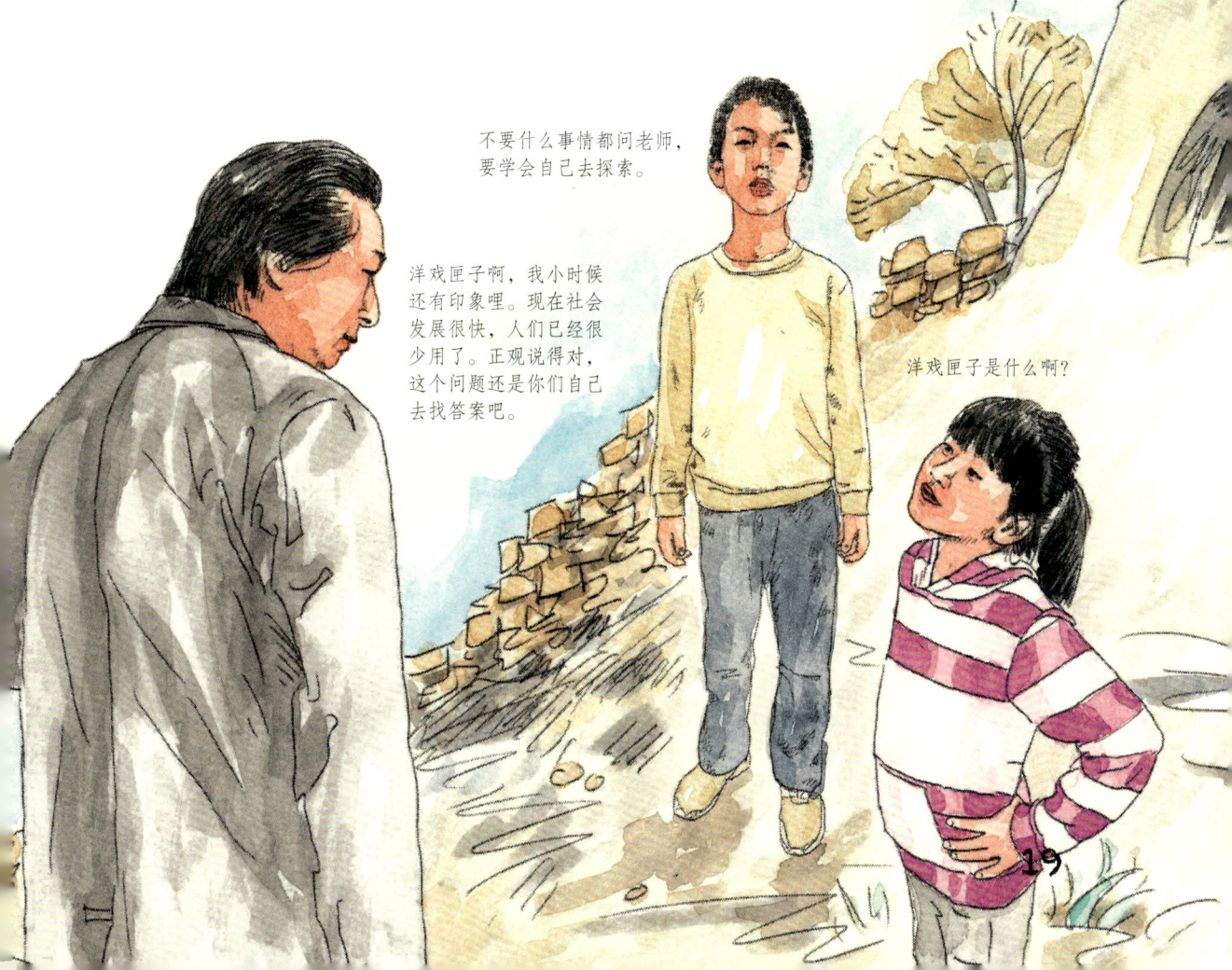

不要什么事情都问老师,要学会自己去探索。

洋戏匣子啊,我小时候还有印象哩。现在社会发展很快,人们已经很少用了。正观说得对,这个问题还是你们自己去找答案吧。

洋戏匣子是什么啊?

## 遭遇敌人

1947年6月初,国民党的部队已经逼近了王家湾,警卫员甚至都能看见山头上的敌人。当天夜晚,毛主席率中央前委冒着大雨向西北方向转移。村民带路来到曹九林家,当时房东不在家,他的婆姨看见一个身材魁梧的人走进窑洞,赶紧让到炕上坐。毛主席全身湿透,裤子上还有泥巴,担心把炕弄脏了,没有坐。她只好取来柴火堆成一堆,让毛主席脱下外衣坐在柴火堆上,然后又拿来一些柴火点燃,给他烤衣服。

"你们当家的不在家吗?"毛主席问热心的女主人。

"出去了。"曹九林的婆姨和毛主席拉起话来,她告诉主席,当家的在1935年就参加了地下党,是一名游击队队员。这里的群众基础特别好,地下党做了很多工作,动员群众拥护党中央。长征胜利后,当家的参加的游击队在欢迎红军的队伍里看见过毛主席,后来在延安杨家岭中央大礼堂还听过毛主席的报告。

毛主席听了她的介绍,亲切地说:"游击队是我们的法宝,过去打日寇发挥了巨大作用,现在是解放战争,民兵仍然要发挥作用哩。"

中午刚过,曹九林回来了。他见自家院子外面和山坡上有警卫员站岗,以他的经验,估摸着是哪位大首长来了。他兴奋地跑进院子,一眼就认出了正在晒太阳的毛主席,嘴里刚喊出一个"毛"字,毛主席跟他递了一个眼色,他突然意识到,为了安全不能喊。曹九林低声跟婆姨说:"这可是咱们的亲人呀,一定要多加小心,保护他要比咱们的命还要紧!"

毛主席看着曹九林夫妻二人的样子，逗趣地说："小别胜新婚哩，你们夫妻去忙自己的吧，我这里好得很，不用照顾了。"

当日下午，机要科传来情报：敌军正在向小河村逼近，离这里已经很近了。任弼时催促毛主席尽快转移，毛主席正在看军事地图，自言自语道："好不容易太阳露出来了，就不能让我多晒一会儿吗？"

曹九林听说毛主席要向天赐湾转移，担心部队道路不熟，便主动提出来给带路。天色快要暗下来了，这时又下起了大雨，曹九林扶着毛主席的胳膊，从高坡上往河沟下滑。由于下雨，河面变宽，水流更急了，原来有个简易的小浮桥，现在也被河水冲垮了。曹九林领着前面的警卫战士先蹚河到东岸，然后又返回来牵毛主席骑的小青马的缰绳。毛主席说不要管他，去照顾身体较弱的任弼时。湍急的河水哗哗作响，部队沿着河流东岸向西南走了没多远，人和骡马就都非常难行了。曹九林虽然是本村人，对这里的地形非常熟悉，但由于大雨天气，又是在雾气笼罩的夜里，他还是迷路了。

黑夜、大雨、雾气、塌方，途中不许打火把、不许开电台、不许说话，总之就是要尽最大可能隐蔽自己。行军路上情况复杂多变，加上骡、马、物资等因素，使行军变得紧迫、艰难。迷路的曹九林凭着对地形和方位的了解，知道附近应该有个庙，找到它就能辨别方向。曹九林带着队伍爬过几座山峁，找到了那座小破庙。找到了庙就能找到月芽口村了，也就辨明了去天赐湾的方向。

只有三百多人的中央前委，竟牵着三万多敌人打转转，最惊险的一幕还是发生了。部队向天赐湾方向转移，黑暗中突然发现他们竟与敌人只有一条沟的距离，并且能看到敌军点起篝火在烤衣服，还能清楚地听到敌人的说话声、斥责声和叫骂声，跑在前面的一小股敌人甚至站在首长们头顶的山坡上了。在这危急时刻，周恩来和任弼时都要求丢车保帅，让警卫排保护毛主席往回撤，其他人吸引敌人向前走。毛主席坚决不同意："我是不会丢下大家不管的，大家不要慌，这叫'灯下黑'，敌人还没有发现我们，越慌张越容易引起敌人的注意。"毛主席沉思片刻之后提议可以兵分三路，各带一部电台，过河突围，

以防被敌人包了"饺子"。叶子龙见此情形，主动请缨，带领十几名战士抄小路把敌人吸引到西面去，敌人果然中计。毛主席等人在原地不动，屏住呼吸，等上面的敌人稀里哗啦地走远了，又继续行军。

次日清晨，东方慢慢亮起。曹九林兴奋地说："爬过前面的山梁就是天赐湾了。"二十多公里的路程，中央前委险象环生，走了一夜，疲惫不堪的战士，个个惊魂未定。

毛主席对曹九林说："我代表中央感谢你，你是民兵，要赶紧回去掩护老百姓，坚壁清野，该躲的躲起来，避免损失。"曹九林听罢迅速返回了小河村。

是的。第一次去寻找天赐湾，我走到一个不知名的山峁上，没有路，更没遇到人，一直找到天黑，感觉天赐湾就在眼前了，但就是没找到。第二次去，费了很大周折才找到。

老师，听说您寻找天赐湾的时候也迷路了？

陕北很多地方没水,
但是这里有一大片水。

确实感觉这里很神奇。

## 房东给首长包饺子、做年糕

惊心动魄的遭遇之后,毛主席率部队转移到一个叫天赐湾的村庄。村子实在太小了,也没有像样的窑洞,村里负责迎接的人说王有余家的土窑洞稍微好一点儿,位置高,比较安全。这时雨已经停了,阳光慢慢照进整个山村。

毛主席住在最右边一孔窑,其他首长都挤在左边一孔窑洞里,警卫战士没有地方休息,就找来一些柴草,准备在院子里坐着休息。毛主席说:"刚下过大雨,外面太潮湿,容易生病,还是都到窑洞里挤一挤,挤在一起还暖和呢。"

几十个人挤在三孔窑洞里,战士们有的坐着,有的半躺着。其中几名战士稍微睡了一会儿就出去站岗了。

房东王有余往山沟里躲避时,把东西都搬走了。房东婆姨马怀芳听说家里住了解放军,就把烧水的锅拿了回来。这时大家都在院子里晒衣服,看见女房东来了,知道马上就有热水喝了,都兴奋地道谢。毛主席见女房东面黄肌瘦的样子,说话也没力气,就让警卫员把医生找来。医生诊断是得了肝炎,立刻给她打针吃药,并叮嘱第二天要按时来医治。

马怀芳临走的时候,邀请毛主席有空去家里做客,毛主席愉快地答应了。后来,毛主席派阎长林去马怀芳家探望病情。马怀芳见阎长林来了,十分高兴,又是烧水又是做饭,还特意包了羊肉馅的饺子。阎长林觉得不对劲儿,这么困难的年景怎么还有羊肉吃,房东家不是农民吗？经过再三追问，原来房东把仅有的一只山羊给杀了，专门给首长们包了饺子，没想到毛主席没有来。马怀芳流着眼泪说："多亏了首长和解放军，我的病原本没有希望了，医生说能治好，真是活菩萨啊！"

马怀芳把饺子装好，交给阎长林，叮嘱一定要交给首长吃。

过了两天，阎长林又去看望房东，马怀芳正准备去娘家走亲戚，阎长林帮着拎东西护送她同去。到了娘家，马怀芳悄悄告诉母亲说，家里住了大首长，人特别好，解放军还给她治病。母亲听了高兴得不得了，在窑洞里找来找去也不知道给贵人拿点什么东西好，家里哪有什么好东西。最后老人家把仅存的一点黄米拿出来，要做黄米糕给首长吃。阎长林没有劝住，就只好跟着一起做。做好后，几个人尝了一点儿，都没舍得再吃，就让阎长林把黄米糕带回窑洞。

毛主席接过黄米糕，仔细地打量着，喃喃地说："真是好东西呀！"又对阎长林说："多好的群众！他们有什么困难一定要想办法帮助，要特别注意，老百姓的生活很不好，不要给他们添麻烦！"

几天后，王有余回到家中，得知解放军给他婆姨治病的事情，老实憨厚的他立即跑去看毛主席。警卫员不知道是房东，拦着不让他进。

毛主席知道房东来了，立刻迎了出来说道："老乡，我要好好谢谢你对我们的照顾！"王有余听了激动得一句整话也说不出来，只是不停地说："谢谢！谢谢！"

"你家有几个娃呀？要让娃娃们好好上学，有文化了，过好生活。现在我们还很穷，但是等打败了蒋介石，全国解放了，日子就好过了。那个时候，电灯、电话就都有了。"毛主席关怀地说道。

每次来小河村，都要到这孔窑洞里来看。照片里的人是毛主席和1947年住在小河村时认下的三个干女儿……

照片里的人是谁啊？

老师，您为什么看这张照片那么久？

# 三个干女儿

毛主席离开天赐湾之后,第二次回到小河村,这次住进了贾树堂家的窑洞里,住了四十多天。

有一天,毛主席在院子里散步,看见坡上的那户人家正在吃饭,便问女主人吃的什么饭。女主人说吃的是粗粮饭,苦菜是山坡上挖的。毛主席又问她家里的生活情况,然后指着两个乖巧的女娃娃说:"让两个女娃娃到下院里来玩,我教她俩识字。"

第二天早上,毛主席又看见两个娃娃时,喊她俩下来玩。两个内向的女娃既想去又不敢去。毛主席微笑着说:"不要怕,咱们解放军和农民是一家人。"

两个女娃娃,姐姐叫赵桂花,妹妹叫赵存香。姐妹俩得到母亲的允许后,便蹦蹦跳跳地跑到下院。毛主席看着走近身边的两个可爱的女娃娃,好久没见到女儿李讷的他情绪有些激动,赶紧拿出来两颗洋糖,每人一颗,还有几块冰糖也分给了两个娃娃吃,说让她们每天下午都来,教她们识字。

从那以后,毛主席办公的时候,两个女娃娃就在院子里学;毛主席出去散步的时候,有时她俩就回家学。几天后,姐妹俩把小伙伴卜兰兰也领到了下院。毛主席也很喜欢她,之后三个女娃娃就一起学习写字。

毛主席特别喜欢这三个女娃娃,就认做了干女儿,从此她们就喊毛主席叫大伯。

毛主席习惯晚上办公，上午睡觉，下午到前后村庄散步，三个女娃娃经常跟着一起去。有一天，毛主席让警卫员给赵桂花的母亲送去两块布，说给两个娃娃每人做一件新衣服，上身是白布的，下身是格子布的，再给每人做一双布鞋。

卜兰兰特别聪明，也很懂礼貌，嘴可甜了，见到毛主席就喊大伯。毛主席跟她学了很多陕北话，她也跟毛主席学湖南话，学得特别像，总是逗得毛主席大笑。在那段日子里，卜兰兰竟然学会了六百多个字。懂事的兰兰悄悄地量了毛主席穿的布鞋尺码，回到家里让母亲教她做布鞋，心灵手巧的她很快就学会了，而且做得特别好。

毛主席穿上兰兰做的新鞋，一个劲儿地夸奖："这是女儿给我做的，兰兰不仅学习好，还会做针线活，我女儿是有本领的！好！好！好！"

1947年8月的一天，毛主席率中央前委离开小河村时，给了卜兰兰家一条裤子，几尺鞋面布，还给兰兰和她弟弟留下了一些本子和铅笔。卜兰兰知道毛主席要走了，哭着要跟着走，她父亲拦着说，大伯要行军打仗，你一个小娃娃，不是给人家添麻烦嘛。

毛主席见兰兰哭得很伤心，也一阵阵心酸："女儿长大了，不要哭，听爸爸的话，等我们回到延安就给你们写信，叫爸爸把你送来好吗？"毛主席拉着兰兰的小手，一同走出小河村："兰兰娃，就送到这里吧。"

卜兰兰一家人和村里的百姓都站在村口，依依不舍地目送部队走远。

毛主席从小河村走了以后，三个女娃娃几乎每天都约好跑到村口高坡上望着远方，她们在等待毛主席回来，在等待生活的希望。不想这一别，她们再也没有见到过毛主席。

## 喝上甘甜的井水

毛主席率中央前委离开小河村后，向东面的绥德转移，路过一个叫火石山的小村子时，住在了李子仁家的窑洞里。

毛主席转移到火石山村的时候，天已经黑了。警卫员看到有一处五孔大石窑的院子不错，就进去问房主能不能把窑洞腾出来给部队首长住，因为村里的干部早已做过宣传，村民知道党中央和解放军是自己的队伍。当房东李子仁得知是部队首长要住自己家，立即就把窑洞让了出来，他们一家人搬到邻居家去住了。

毛主席一到火石山村，当晚就派人找来乡长、村长，发动群众坚壁清野。当地的干部给中央前委准备的粮食，周恩来命令除了给前委和部队补充一些以外，其余都让百姓疏散隐藏。这时发现有一口铁锅还没有藏起来，他即刻让人搬走藏了起来。

毛主席来了，跟老百姓关系可好了，问房东李子仁家里几个子女，都做什么，生活得怎么样。那时火石山村里人都是去村前的小河沟里挑水吃，那河水一年四季都是浑的。

警卫员得知此事后迅速向毛主席汇报："这里的老百姓都是挑河水喝，村里连口井都没有。"

毛主席请来房东问："村里怎么不打井取水？"

"曾经找来很多的打井人，都是挖下几米深就挖不动了。因为这里方圆十几里都是坚硬的火石，虽然有一条小河经过，但水量很少，所以把这个村庄叫火石山村，本地人也有叫小水沟村的，村的名字有

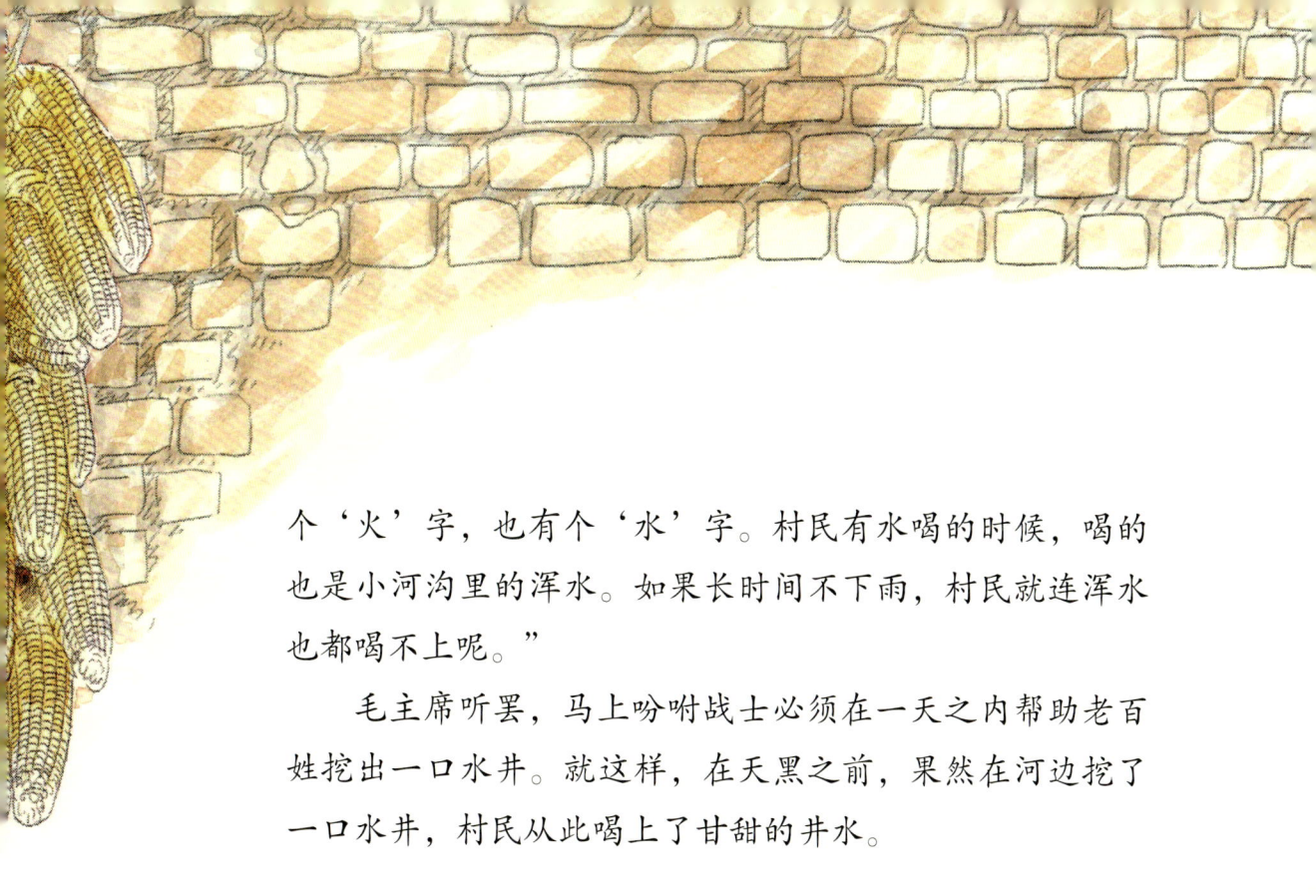

个'火'字，也有个'水'字。村民有水喝的时候，喝的也是小河沟里的浑水。如果长时间不下雨，村民就连浑水也都喝不上呢。"

毛主席听罢，马上吩咐战士必须在一天之内帮助老百姓挖出一口水井。就这样，在天黑之前，果然在河边挖了一口水井，村民从此喝上了甘甜的井水。

房东老奶奶用井水给我们煮的玉米真好吃！

好吃！好吃！

## 把苹果还给老乡

1947年8月的一天夜晚，毛泽东、周恩来、任弼时率中央前委从火石山村出发，行军25公里，转移到肖崖则村，住在李俊成家里。

毛主席住下的第二天上午，一位农民汉子赶着一头毛驴，驮着两筐苹果，来到中央前委警卫排，要送给战士们吃，并说一定要转交给医生一些。在那艰苦的年代，苹果是多么稀罕啊！老乡为何舍得给解放军送苹果呢？原来汉子的婆姨害了眼病，因为没钱治疗，一直耽搁着。正巧中央前委来到这里，有人告诉他说："解放军是咱老百姓的队伍，部队上有医生，不妨去找找他们。"汉子开始不敢相信，但看着婆姨难受的样子，就硬着头皮找到了部队。

警卫员很快找来医生给他婆姨瞧眼睛。医生不仅做了治疗，还留下药物和一件衣服。汉子感动得不知如何是好，突然想起，家里唯一的好东西就是苹果。那个时候，很多老百姓听说过八路军抗击日寇的事情，还不知道以前的八路军已经改为人民解放军了。

警卫排的战士说："人民解放军有纪律，苹果不能收。"汉子听了，急得直转圈，说啥也要留下。警卫排战士只好去请示毛主席。

毛主席跟警卫员说："这里是新解放区，老百姓对我们还不了解，如果我们收了老乡的苹果，尽管付了钱，不明事实的人会误以为我们解放军和胡宗南的军队是一样的，也是白吃白拿老百姓的东西。再说，这里的村子刚被敌人洗劫过，你们不知道吗？我们刚到时看到的是什么景象，坛坛罐罐都被打得粉碎，地里的庄稼也都糟蹋了。能保住这点苹果是很不容易的,依我看,老乡送来的苹果我们一个也不能收,也不要买。好好跟老乡讲道理,把苹果还给老乡。"

警卫员转达了毛主席的话,汉子听了感动地说:"你们真是老百姓的队伍,你们真好!"

汉子带着失落和感激,只好驮着苹果回去了。

## 一只大碗

毛主席率中央前委转战陕北，已经在敌人的重重包围和追赶中艰难行走了一百多天了。陕北的8月，正值最热的天气。

在一次行军途中，部队派警卫员提前向东去，寻找适合驻扎的地方。警卫员找到李家崖村一户姓马的人家。警卫员向房东了解情况，房东一听说是解放军首长准备住他家窑洞，很爽快地答应了。房东把左边四孔好一点儿的窑洞腾了出来，留给解放军首长住，他们一家人都挤在最右边的一孔空窑洞里。

这天深夜，毛主席和周恩来、任弼时来到李家崖村，住进了马怀恭家。

第二天早晨，房东家的小男孩看见院子里多了几匹马，但没有人。他好奇地东张西望，然后悄悄地往院子外面走。大门外有两名站岗的士兵，吓了他一跳，赶紧往回跑。其中一位士兵拉住他小声说："小孩，不要怕，不要跑，不要大声说话。"哈哈，一连说了三个"不要"。过了一会儿，房东担心孩子在家跑跑闹闹会影响首长休息，就带着他去山上干活了。

中午回来的时候，小男孩看见院子里有人了，其中一个大个子坐在院子里看书。毛主席看见房东便主动打招呼，问是不是去劳动了，然后又问小男孩多大了，问他念过书没有，小男孩回答说只上了一个冬天的学。毛主席对小男孩说："以后小孩都能念书了。"

毛主席说的话真的灵验了，几年后，村里的孩子就都能上学念书了。

　　房东看首长特别好，一点儿官架子也没有，就想让婆姨做点儿好吃的给首长们送去。可是家里穷，也没什么好东西，就把家里留下的一点儿最好的小米煮成粥，还翻出来几颗去年攒下来的大红枣，放进去一起煮。家里就一只大碗，是房东年轻的时候跟着家人过河东到山西看亲戚时买回来的，说是家里有了大碗，就不愁吃喝了。粥煮好了，房东的婆姨盛了满满的一碗红枣小米粥，让男孩给首长送过去。小男孩双手捧着大碗往毛主席住的窑洞里走，警卫员看见了不停地说让他小心。

　　小男孩端着大碗走进窑洞的时候，毛主席正坐在门口的椅子上看书。毛主席看见他，赶紧把书放在炕上，然后把大碗接过来放在炕桌上。毛主席看了看小男孩被烫红的小手，把他抱起来要放到炕上，当时炕上挂着蚊帐，小男孩就顺势靠着炕沿儿。毛主席说："这么好的饭啊，还有大红枣哩，很有营养啊！来，大伯给你拿好吃的。"

　　毛主席打开一个装书的箱子，从里面拿出一个小布袋子，又从布袋子里抓出一堆堆吃的，有饼干和冰糖块。小男孩的衣服没有布兜，毛主席就让他把衣服揪起来兜着。毛主席又说："大伯这里就这些了，拿回去分给娃娃们一起吃吧。"

　　小男孩点了一下头说："娘说让您趁热吃。"

　　毛主席开心地说："好，我趁热吃。"

38

毛主席喊来警卫员说:"多好的房东啊,老乡把家里舍不得吃的给了我们,你们问问房东家有什么需要,就帮助做。这么一大碗粥,我一个人吃不完,分给大家一些。"

第二天早晨,小男孩又送去了一个玉米,毛主席把玉米掰成了四块,分给了警卫员吃。毛主席说:"少而精,大家分着吃,吃得香。"

老爷爷就是当年端着这只大碗给毛主席送饭的小男孩。

这位老爷爷是谁?这只碗好大啊!

## 由此向前

1947年8月的一天，部队在黄家沟宿营，毛主席在窑洞里打了一个盹儿，起来后洗了把脸，打起精神，然后打开了一张军事地图，趴在锅台上仔细观看。就在这时，中央前委获得急报：胡宗南的部队正从北边、西边和南边三路云集，已迫近绥德县城一带。住在黄家沟的中央前委又一次陷入危险境地。

毛主席对任弼时说："敌人是快速部队，我们也是快速部队。我们还要赶过敌人，抢先过绥德，看他们有什么办法！"

"现在就出发吗？"

"是！立刻出发！"

部队得到命令，立即整装上路。在清点人数的时候，却发现少了做饭的高师傅，刚刚他还在生火给首长们准备吃的。

警卫员立刻找来高师傅，催促他赶紧走。

"首长们走了那么多路，只在休息的时候吃了一个小馒头，连口热汤也没喝上，你们前面先走，我在这里做点儿饭，带到路上吃。"高师傅一边忙活着一边说道。

阎长林见此，焦急地说："情况这样紧急，首长决定马上出发，怎么能留下你一个人在这里做饭呢。不行！赶紧走！"

高师傅从窑洞里走出来，看见部队正在集合，嘟嘟囔囔地说："我还是回去做饭，等你们集合好，我也把饭做好了。"

高师傅说罢转身回到窑洞里做饭，心想做饭有可能耽误部队行军，于是就把剩下的几个馒头和省下来的一盒凉饭倒进锅里，加了点儿油和盐，加热一烩即成。高师傅背上大铁锅，带着刚加热的饭，叮叮当当地追赶部队。他喘着粗气追上了毛主席。

"饭好了，饭好了，首长快趁热吃！"

"高师傅，我们已经出发了，你是怎么做的饭啊？"毛主席感慨道。

"首长们本来就没好好吃饭、没好好休息，现在又着急行军，战士们都吃过了，就首长们还没吃，不吃点儿东西怎么行啊！我就在大家准备出发的时候加热了一下。"

"高师傅，你也没吃东西吧！现在着急行军也不好吃啊！"毛主席跟高师傅说罢，又对阎长林说："问问恩来同志吃不吃？"

阎长林跑到周恩来身边问吃不吃饭，周恩来说："既然高师傅已经把饭做了，那我们就吃吧，稍作休息，再追赶部队。"

几位首长在漆黑的夜晚，蹲在一条小山路上吃了点儿热饭，随后追上了部队。部队很快就要到绥德县城了，这段路虽然不长，但由于雨夜，道路泥泞，行走起来异常艰难，即便如此，部队还是要加快速度，一定要赶在敌人前面过绥德。很快，一座大桥横在了眼前，这就是绥德县城著名的永定桥，被誉为无定河上第一桥。

桥头上有民兵把守，四处寂静无声。毛主席过了永定桥后，在黑暗中看到绥德城里已是一片荒凉，到处都是残垣断壁，住户已逃散一空，走过了两道街，都没有看见一个人影。见不到灯火，听不见鸡鸣犬吠，所有窑洞的门窗都烧成了黑洞洞。曾经店铺林立、车水马龙、一片繁荣景象的绥德县城，如今因战火硝烟，毁得不成样子。

毛主席看此情景，下马长叹："可惜呀！敌人的罪行不可恕！"

中央前委刚刚过了绥德县城，立即掉头向北急行。

此时，绥德地委的人向毛主席汇报："大部队一过，我们就炸桥！"

"炸不得！炸不得！炸掉容易，建桥难！敌人走它是暂时的，我们可是要永远走呀！"毛主席说罢又补充说："不仅不能炸，还要在桥上竖一块牌子，写上'毛泽东由此向前！'就这样办！"

竖牌子，这不是把毛主席的行踪告诉敌人了吗？

对呀？！

哈哈，长大了就知道为什么了？

# 要好好读书

　　陕北的8月，白天的太阳火辣辣的，照在身上就像火烤一样，让人难耐。到了夜晚，气温会迅速下降。毛主席率中央前委，顶着烈日一路前行。随着日头西落，大家身上的热汗很快就变得冰凉，弄得人浑身不舒服。

　　一天，陈家岔村的一户人家正准备做晚饭时，来了两名解放军，他们问女主人："咱们部队上的几位首长今晚要来您家住，可以吗？"

　　"没问题，自家人。"女主人回答。

　　女主人把窑前、窑后、上窑都打扫干净，把好的窑洞腾出来，准备让给即将到来的毛主席和解放军住，房东一家人都挤在了仓窑。

　　天刚黑，房东高余岚家的窑洞顶上以及大门、二门外都站满了解放军战士。趁人不注意的时候，房东家的一个小男孩悄悄地藏在磨盘下，想看看是怎么一回事？

　　"来了！来人了！"小男孩的弟弟从大门外跑进来，边跑边喊。

　　哥俩又跑到大门外，看见有解放军牵着一匹大白马，护送着一位大高个子从大门进来，然后进了上窑，天色已黑，看不太清楚。哥俩回到窑洞里，可还是想溜出去看看，但院子里有警卫员站岗，不敢乱跑，只好等到天亮。

　　第二天天刚刚亮，哥俩就出了大门，正巧看见奶奶来了。站在大门外的警卫员挡着不让进，奶奶生气地说："这是我儿子的家，为什么不让我进去？他们母子几个在家，我不放心！"

哥哥大声喊:"奶奶,我们都好好的!"

警卫员见此情景赶紧说:"老太太您快进家吧!"

哥俩扶着奶奶进家后,奶奶和母亲相互关心地问候。

过了一会儿,好奇心又促使哥俩去上窑看那位大高个子,窑门是开着的,但窑里没人。一名警卫员向东指了指,哥俩明白了。他们出了大门向东走,远远看见那位大高个子正在院外散步。

"小鬼,你们过来。"

哥俩走到他的身边,见那人梳着大背头,身穿浅咖啡色外套,灰裤子。他摸了摸哥俩的头笑着问:"小鬼,你们叫什么名字啊?几岁了?上学了吗?"

"听说胡宗南要来侵犯我们边区,学校放假了!"哥俩回答道。

"你们喜欢上学读书吗?"

"喜欢!""喜欢!"

"胡宗南很快就要被消灭了,你们就可以去上学了,要好好读书,过好日子!"

哥俩听了心里非常开心,盼着胡宗南快点完蛋,好去上学。他们心里暗想:他是谁呢?这么大的口气,一定是个大官!

前半晌时,突然来了一名骑着红马的解放军战士,不知说了什么,一会儿就走了。住在高余岚家的解放军立即集合,部队要走了。

那位大高个子一出大门,就有人把他认出来了。

"这是毛主席，快来呀！毛主席来了！毛主席来了！"

毛主席向大家招手致意，群众热情欢送，然后部队向东去了。

中央前委走后，村里要求把能吃的东西都藏起来，把胡宗南饿死！

第二天，忽然听到枪响，村里人都按照要求到指定地点集合。哥哥喊着妈妈："胡宗南来了，快跑吧！"

妈妈不以为意地说："毛主席刚走，前面还有解放军挡着。西瓜皮熬好了，吃了再走。"

枪声越来越近了，哥哥焦急地喊："妈，来不及了，快走呀！"

哥哥拉着弟弟、背着干粮往枣沟跑，妈妈抱着妹妹跟了上来。

哥俩刚进了奶奶家，连气都还没缓过来，胡宗南的三个士兵就追来了。这时天上还传来敌人飞机的轰鸣声，吓得小孩子们直哭。一个士兵指着地上的两个棉花包，大声喊叫着："这是谁的棉花包？"

房东说："天快凉了，给老人和娃娃做棉衣。"

胡宗南的士兵不相信，硬说是解放军的，非要拉走，村里的十几个汉子挡着，不让他拉。士兵见这架势，只好收敛了。他们又走到妇女群里，检查有没有解放军的家属。

整整折腾了一天，敌人离开了陈家岔，房东一家人又回到了家中。

不久，解放军就取得了沙家店战役的胜利，从此以后胡宗南节节败退，敌人就要完蛋了。很快，陈家岔村的娃娃们又能上学读书了。

## 险渡五女河

毛主席率中央前委离开陈家岔之后，翻山越岭，进入佳县，刚在白龙庙住下，敌人就又追了上来。情况紧急，毛主席顾不上身体疲劳，带领只有几百人的部队冒着倾盆大雨向杨家园则村转移。

大雨不停，雷声不断，河槽里的大水一浪接着一浪地翻滚。国民党胡宗南的部队紧紧在后面追赶，另一股敌人也出现在离此不远的沙家店一带。毛主席站在河岸，看着波涛滚滚的五女河，将手里的烟狠

狠地摔在地上："胡宗南他有那个本事抓到我们吗！我就不信这个邪！"

"山洪马上就要到了，河水越来越汹涌，又找不到木板搭浮桥，我们已处在绝境中！只有冒险渡过五女河才能甩掉敌人。"任弼时高声说道。

"二万五千里长征难不难，都没有挡住我们！一条小小的河流更别想挡住我们，这就叫置之死地而后生，我们游过去！"毛主席推开给他打雨伞的战士，大声说道。

"主席说得对，我们共产党人什么时候怕过困难，就按主席说的办，立刻游过河去。"此时，正在病中的周恩来也强撑着身体说道。

这个时候，叶子龙不知从哪里找来一根绳子，让战士拉着绳子先游到河对岸，然后再让首长们抓着绳子过河。

"同志们，天无绝人之路啊！这根绳子就是我们的生命线。"毛主席兴奋地说道。

毛主席吩咐叶子龙安排警卫员保护周恩来，并让任弼时抓住绳子先过河，他自己坚持跟在后面。此时此刻，山洪已经从上游飞奔下来，河两岸，暴雨裹挟着灌木和泥土不断塌下来。毛主席和中央前委的所有人都已经在五女河中了，夹杂着树枝、杂草和碎石块的黄泥汤不断拍打着他们，大家你拉着我，我拽着你，拼命向前游。

等人马游过河上岸后，清点人数时，除了一匹马不幸被激流冲走了，人员无一减少。

## 喂，我是毛泽东

中央前委从杨家园则村撤出来以后，天空终于放晴了，部队很快转移到梁家岔村。一走进窑洞，毛主席先拨通了西北野战军司令员彭德怀的电话："喂，我是毛泽东！"

这边的周恩来、任弼时和战士们，以及电话那头的彭德怀一听到"毛泽东"三个字，都激动得不得了。终于不用隐姓埋名了，这说明形势好转了，我们要大张旗鼓地跟国民党蒋介石正面较量了。

撤离延安不久，党中央在枣林则沟召开了一次重要会议，会议决定：毛主席、周恩来、任弼时率领只有几百人的中央前委留在陕北牵制敌人。为了首长和部队的安全，首长们都起了化名，毛主席叫李德胜、周恩来叫胡必成、任弼时叫史林。经过近一年的斗争，战场形势发生了变化，胡宗南的军队遭到重创，中央前委和毛主席的处境相对安全了许多，于是毛主席就公开了身份。

当天，几名警卫员在毛主席住的窑洞门前值勤，突然有一名警卫员放了一个屁，引起在场人的大笑，这一笑不要紧，又有警卫员也被笑声引出了屁。正在窑洞里看军事地图的毛主席，听到窗外的屁声和笑声，放下手中的铅笔走出窑洞说："是不是黑豆不好吃啊！"

党中央转战陕北，陕北大地正闹饥荒，百姓缺粮少米，只有黑豆相对多一点儿，大家几乎每天都要吃黑豆，黑豆吃多了自然容易放屁。毛主席和大家一样也吃黑豆，警卫员不好意思回答，大家沉默不语，这时一名警卫员忍不住又放了一个屁。

毛主席"严肃"地说:"这是哪一位在说'不'呀?"

此问一出,引得所有人大笑。这一笑可不得了了,又有一名警卫员放出了更响的屁。这时,毛主席也忍不住笑出声来:"你这是打雷呀!声响得再大一些,胡宗南的飞机都要被轰下来了!"

毛主席话音刚落,满院子的笑声更加大了。其中一名警卫员笑得都要疯了:"那我们就来个放屁大赛吧,看谁的屁放得最响,就让他去沙家店打胡宗南的飞机!"

"这个小鬼说得好,你们就开始比赛吧。"毛主席笑着说道。

……

毛主席不仅通过电话与彭德怀部署、指挥了沙家店战役,还两次到东元村沙家店战役的前沿指挥部视察。

沙家店战役取得胜利的第二天,毛主席在检阅部队时说:"沙家店这一仗确实打得好,对西北战局有决定意义,最困难的时期已经过去了,用我们湖南话来说,陕北战争已经'过坳'了。"

毛主席太幽默了。

## 大牲口不能吃

毛主席率领部队来到一个更为隐蔽的朱官寨村，村民张月胜把家里的窑洞让出来给首长和战士住。当时村民特别穷，吃的都是粗粮和野菜，就这样仍有很多村民吃不饱穿不暖。

房东张月胜见住在家里的首长吃的和穿的跟老百姓没什么两样，说话也很随和，觉得特别亲切。在村里，很多人家跟张月胜一样，几乎天天都要把家里舍不得吃的那一点粮食拿来送给首长和部队。部队在朱官寨住了几天后，粮食吃完了，群众又把牛、羊送来给部队吃。

毛主席说："老百姓送来的东西一定要给钱，但是大牲口绝对不能吃，老百姓还要用牛耕地呢。"

……

沙家店战役胜利之后，毛主席和周恩来、任弼时商量准备再打赢一场战役，痛击胡宗南的军队。一天，毛主席请来了佳县县委书记张俊贤和村干部，一同商量支援前线的问题。

毛主席说："目前我们在陕北虽然打了一些胜仗，但是胡宗南的主力部队仍然很嚣张，我们依然处在困难和危险之中。我们还要继续跟胡宗南打仗，部队要吃粮，人民群众为了支援前线，几乎把粮食都拿出来了，但是老百姓仍然相信我们能打败敌人，解放全中国，能过上好日子。我们一定要坚定信念，和人民群众一起面对困难，我们就一定能打败敌人，过上好日子。"

周恩来问张俊贤："我们再打一仗，坚持7到10天，粮食够不够用？"

"在通秦寨和车会有两个仓库的粮食，老百姓家里还可以再动员一些，全县还有一万多只羊，如果把这些粮食和羊都吃光了，还有两千头驴和牛可以杀了吃，说什么也一定要把解放战争支持下去！"张俊贤答道。

　　毛主席听了特别开心，又一再叮嘱说："部队再困难也不能杀一头驴、一头牛，那是老百姓的生计！"

这里的人还是那样的淳朴。

房东老奶奶做的小米粥太好吃了。

## 给房东娃娃起名字

　　1947年9月的一天早晨，毛主席率中央前委从朱官寨出发，一路翻山越岭，向神泉堡转移。路上，毛主席扔掉了手里的木棍，大步流星，流露出自信、轻松的神态。身边的战士也兴高采烈，有的唱歌，有的诵诗，好不欢快。路过张家崖窑村时，毛主席与大家商议，就此住下，顺便了解当地的民情。

　　张家崖窑村很小，只有十几户人家，李怀宁家恰好在村口，警卫员看到他们家，觉得这几孔窑洞安全、便利，就找到房东李怀宁，跟他商量把窑洞让出来给部队首长住。说来也巧，李怀宁的婆姨刚刚生了孩子，并且是个男娃娃，还不到一个月，孩子不停地哭。李怀宁的婆姨之前生过几个女娃娃，这次终于生了个男娃娃，稀罕得不得了，全家人都视若珍宝。

　　李怀宁跟前来找房子的警卫员说："在我们陕北民间有个风俗，不满月的娃娃不能抱下炕，不然活不成，村里人祖祖辈辈恪守着这个规矩。"

　　警卫员耐心地说："这是迷信，不要怕，有共产党和毛主席的领导，保证您家娃娃能活，并且以后活得会很好！"

　　李怀宁是个很开明的人，很快就明白了这个道理。他也跟婆姨说："不要听人瞎说，只要有共产党、毛主席的领导，娃娃都会活得好，以前大人都吃不饱，现在不是人人都能吃饱饭吗？就让首长住吧！"

　　李怀宁的婆姨经过大家的再三开导，觉得他们说得有道理，就把窑洞让了出来，抱着儿子到亲戚家去住了。

第二天，毛主席知道了李怀宁家生孩子的事情，他们又是在风雨交加的情况下搬走的，心里觉得不是滋味。第三天临走之前，毛主席让警卫员请来了房东。

"我们对不住你呀，给你添了这么大的麻烦！"

"不麻烦！不麻烦！我们农村人没读过书，不懂革命道理。家里条件不好，让首长吃苦了。"

"你说得对，读书能使人明白真理，以后要让娃娃好好读书。你家刚降生的娃娃叫什么名字？"

"还没有起名呢。"

"那我就给你的娃娃起个名字吧！"

"大首长能给娃娃起名字，那我们家实在是太幸运了！"

"好，那就叫'毛仁'吧！带上我的姓，长大后有个想念！"

……

毛主席让警卫战士帮助村民收了一天的庄稼，然后离开了村庄。这时李怀宁才恍然大悟，原来住在自己家姓毛的首长就是老百姓说的大救星毛主席啊！后来，李怀宁的婆姨又连着生了三个男娃娃，这下可把李怀宁高兴坏了。他给后来生的三个男娃娃分别起名叫：毛喜、毛兴和候毛，"候毛"的意思可能就是期盼毛主席能再来陕北吧。

## 钱钱饭

党中央在神泉堡颁布了《中国人民解放军宣言》《中国土地法大纲》等重要文件，提出了"打倒蒋介石,解放全中国"的口号。多日来，毛主席都特别开心，喜悦之情难以言表。

有一天，叶子龙跟毛主席说："主席，我们现在的形势好转了，也安全了，咱们到河东临县把李讷接到这里来吧，您不是想女儿了吗？"

"主席，我看可以的，那就去把小李讷接过来吧。李讷要是来了，大家也都会非常高兴的。"周恩来听了也说。

"是啊，早就应该把孩子接来了，你们分开的时间已经很久了。"任弼时也接着说道。

毛主席听大家都这么说，便愉快地答应了。

几天后，毛主席的女儿被接到了神泉堡，分别好几个月的小李讷终于和爸爸团聚了。

大家听说小李讷来了，纷纷跑到毛主席住的窑洞里来看她，整个神泉堡一下就热闹了起来。当天晚上，脚上穿着带补丁袜子的小李讷，兴高采烈地给大家表演节目。她在爸爸的大土炕上又唱又跳，双手还时不时地做着《打渔杀家》里花旦的动作，真是有模有样。在窗前小煤油灯的映射下，极像开演的皮影戏。挤满窑洞和窗外的人们都在给这个小可爱鼓掌喝彩，无尽的欢乐为还有些寒意的夜晚平添了几分温暖。

李讷的保姆兼家庭教师韩桂馨见人太多，怕影响毛主席的工作，更担心孩子走了一天的路会累坏身体，便悄悄对李银桥说："小李讷还没吃饭呢。"暗示大家早点儿散去。正在此时，周恩来和任弼时也走了进来，在两位首长的劝导下，大家才怀着不舍的心情慢慢散去。

吃晚饭的时候，一张破旧的小木桌上放了几碗"钱钱饭"，毛主席在陕北早已习惯了吃这种粗粮饭，同时还习惯放些辣椒就着吃。其实小李讷也不是第一次吃"钱钱饭"了，这次她来到爸爸的身边，虽然依然是粗粮饭，但吃得格外香，嘴里还不停地说着开心的话，不停地跟爸爸问东问西。笑逐颜开的毛主席，对女儿的话有问必答，同时也问女儿有没有听阿姨的话，有没有学习识字。昏暗的窑洞里弥漫着浓浓的家庭氛围，朴实又温馨。这种情景，对于毛主席来说是多么的难得和珍贵呀。

吃过晚饭后，毛主席把韩桂馨叫到身边，和蔼地对她说："小韩阿姨啊，小李讷刚来，今天和我一起吃了饭，这次吃就吃了，从明天起，你就带她到大食堂去吃吧！"

"主席，大食堂的饭做得太粗糙了！一天两顿盐水煮黑豆，连豆皮都不除掉，实在不适合这么小的孩子吃。我们大人是应该去大食堂吃饭的，但是现在条件还这么艰苦，大人们吃粗粮就很难消化，这么小的孩子怎么能行啊！还是让李讷跟爸爸一起吃好。"

"现在条件的确差了些，但还是要比她的哥哥们小的时候好多了！小韩阿姨，不要认为我毛泽东的孩子就要特殊，更不要从小灌输她这

李讷七岁了,她怎么不去上学呢?

什么是钱钱饭?
钱钱饭好吃吗?

那个时候到处打仗,没法上学。

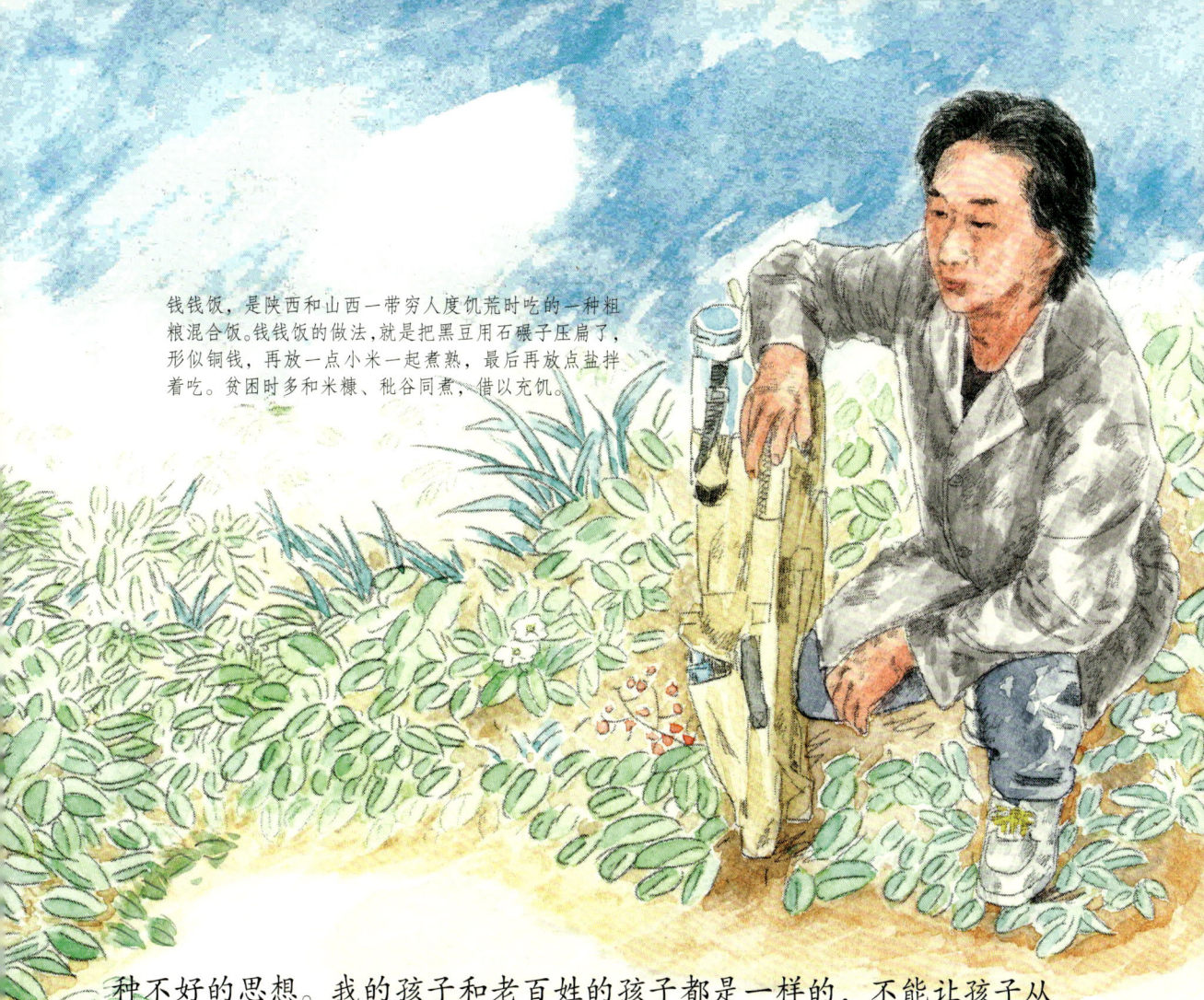

钱钱饭，是陕西和山西一带穷人度饥荒时吃的一种粗粮混合饭。钱钱饭的做法，就是把黑豆用石碾子压扁了，形似铜钱，再放一点小米一起煮熟，最后再放点盐拌着吃。贫困时多和米糠、秕谷同煮，借以充饥。

种不好的思想。我的孩子和老百姓的孩子都是一样的，不能让孩子从小就打着我的招牌享受特殊待遇！"毛主席又耐心地跟韩桂馨解释道。

"李讷身体比较弱，孩子刚来，又是女孩子，和爸爸在一起吃饭，心情会好，饭也能吃得多。"

站在一旁的李银桥看到这种情形，也有些按捺不住了："主席，孩子真的还小呢，还是让她和您一起吃吧！"

"坚决不可以！陕北老乡们的娃娃吃粗粮一样长得壮壮的，李讷也一样可以。"毛主席说罢，将大手一挥，面对李银桥和韩桂馨强调说，"就这样吧，这件事不要再讲了，我说过的话是要算数的。小韩阿姨，李讷交给你了，请费心教孩子多多识字。"

大家争来争去，毛主席始终没有松口。韩桂馨无奈地从窑洞里走

57

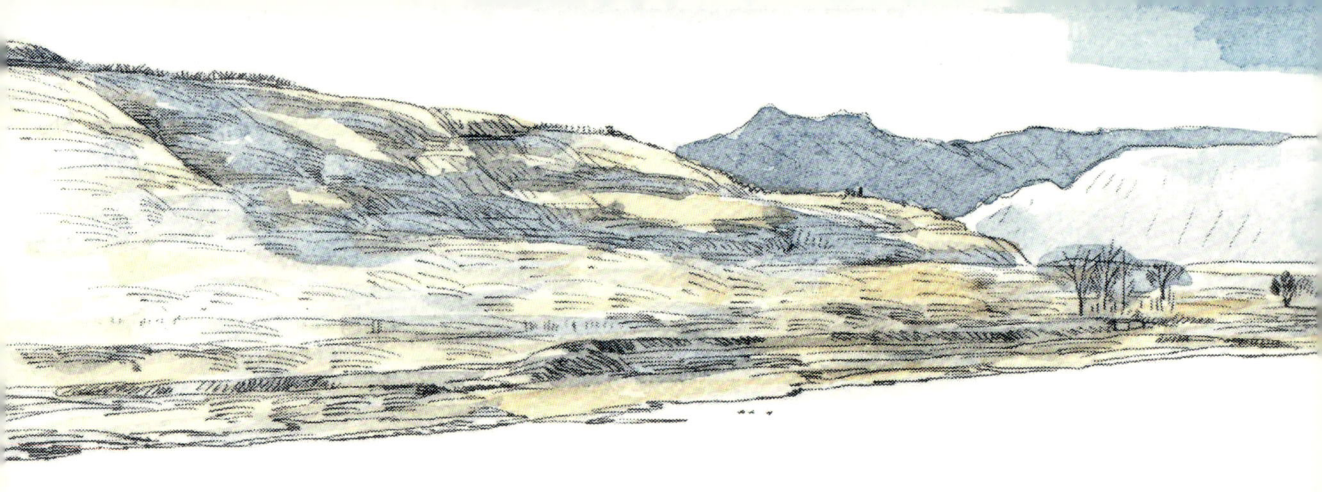

出来，心中始终不理解毛主席为何对女儿要求这么严格。

从来到神泉堡的第二天起，韩桂馨便领着李讷去设在村上的大食堂吃集体饭了。特别懂事的小李讷才7岁，每次吃饭时，她就像一名小战士，自己拿着小碗，去打一份粗饭和煮菜，然后也跟大家一样蹲在地上吃，很多战士看见了，都投来称赞的眼神。

一连好几天，吃的都是大食堂用黑豆做的"钱钱饭"，小李讷从没有叫过苦，也没说过一句"不好吃"或"不想吃"的话。

有一天，大家正在院子里吃午饭，毛主席看见一名叫朱老四的战士牙齿很黑，就跟他开玩笑说："朱老四同志，你的牙齿这么黑，是吃黑豆吃的吧？"毛主席如此一问，逗得大家哈哈大笑。

在场的小李讷也听到了爸爸说的话，之后一连好几天都不爱说话了，好像有心事的样子，闷闷不乐。

几天后，小李讷突然问毛主席："爸爸，爸爸，你看我的牙齿黑吗？"

毛主席赶紧合上书问："乖娃娃，怎么了？张开嘴巴让爸爸看看。"

小李讷沉闷了许久，才喃喃地说："我也是天天吃黑豆……"

毛主席一听，立即笑着抱起女儿，轻轻地拍着她说："我的好娃娃，黑豆怎么能把牙齿吃黑呢，那天爸爸是跟朱老四叔叔开玩笑的，你莫要当真哟，黑豆可是好东西，它营养价值高，越吃牙齿会长得越白越结实的。"

## "千里眼"

毛主席住在神泉堡的时候，经常到附近的村子里去走访群众，调查农村土地改革的落实情况。

有一天，毛主席带着几名警卫员沿着黄河西岸往南走，来到了一个叫谭家坪的村子，这个村子紧临黄河。毛主席一住进村民贺加厚家，便召集村里的干部和农民代表询问群众的生活情况。大家坐在院子里，围着一个石碾子，轻松地讨论着。房东端来许多新收获的大红枣和花生，让大家边吃边聊。毛主席布置完工作以后，便到村口的黄河岸上去散步。

这时有一群孩子，看见来了几个背枪的士兵，还有一个大个子背着手往黄河岸边走。开始，孩子们有些害怕，但又好奇，所以就远远地跟在后面看。毛主席感觉到身后有动静，转身看时，孩子们就急急忙忙地躲藏。毛主席笑着说："哪个娃娃愿意带我去黄河边上走一走啊？"孩子们听到了，但还是你推我让，没人敢站出来。

毛主席又说："哈哈，原来你们都是胆小鬼哩！"

这时，终于有一个大一点儿的孩子，勇敢地站了出来："我敢去！"

只要有带头的，孩子们就个个都说敢去了。

一群大大小小的孩子，蹦蹦跳跳地跑在前面，毛主席开心地走在后面。他们很快来到黄河岸上，毛主席站在一块土坡上，远望着黄河东岸问："娃娃们，你们知道那边是什么地方吗？"

"是山西。"大家齐声答道。

毛主席看着活泼可爱的孩子们，好像突然想起了什么，他喊来一名警卫员说："去窑洞里把咱们的'千里眼'拿来。"

警卫员应声而去。

孩子们听到"千里眼"三个字，好奇地问毛主席："'千里眼'是什么？"

有一个特别调皮的孩子大声说："是神仙吧！"

毛主席笑着说："小鬼说得对，不过，到底是什么神仙呢？暂时保密哩。"

孩子们都流露出期待的神色。

……

毛主席接过警卫员拿来的望远镜举到眼前，挺起伟岸的身躯，向黄河对岸远望："好个壮丽的山河！"

娃娃们从来没见过这个玩意儿，都好奇地围着毛主席，有的跳起来想凑上去看。

毛主席蹲下身子乐呵呵地说："这个东西就是'千里眼'，它叫望远镜，你们想不想看呀？"

娃娃们兴奋地又蹦又跳，大声喊："想看！想看！"

毛主席让娃娃们像小战士一样排成一队，弯着腰把望远镜逐个放在娃娃的眼睛上，逐个问看得清楚不。娃娃们高兴坏了，毛主席也特别地开心。

## 我也是来看戏的

有一天，住在佳县南河底村的毛主席看见很多村民向白云山方向走动，就好奇地叫来李银桥，让他问问群众是去干什么。李银桥回来说，今天是重阳节，白云山上有庙会在唱大戏，老百姓都去听戏了。毛主席一听说有戏，兴致也来了，就招呼汪东兴和李银桥、石国瑞等几名警卫员，随着人群一同上了白云山。

毛主席见人群中有卖枣的、卖羊肉的，就上前问问价格，轻松自在地逛着。不知不觉，大家已经来到真武大殿，毛主席看见老道长便双手合十，很恭敬地问每天来的香客多不多，烧香收多少钱。道长回答说天下太平时，来烧香的人很多，烧一次香只要两毛钱。

毛主席在大殿内饶有兴致地细细欣赏着精美的壁画，并连连称赞。之后，大家来到阎罗殿，毛主席看见这里的壁画和塑像有很多被损坏了，就问身边的人："这是怎么回事？"

"是为了破除迷信搞成这样的。"张俊贤答道。

毛主席听了并没有继续问话，又浏览了其他几处景致。后来在离开白云观的时候，毛主席回身对张俊贤说："俊贤同志，马上出个布告，要好好保护这些文物。"

这时，在真武大殿正对面的大戏台上，木头峪群众剧团的锣鼓敲响了，晋剧《反徐州》马上要开演了。毛主席听到开戏的锣鼓声，便开心地告别老道长，随着人群悄悄地站在了最后面。毛主席个子高，在人群中特别显眼，结果还是被见过他的人给认出来了。

"毛主席来了！"

一声高喊，惊动了群众，很快传遍了整座白云观。老百姓一听毛主席来了，都挤上前去看。警卫员李银桥和石国瑞着急了，生怕毛主席有危险，赶紧上前警戒。毛主席却高高兴兴地跟群众打招呼："乡亲们好，我也是来看戏的，大家一起看吧。"

有人赶紧给毛主席搬来长凳子，让他坐到前面看戏，毛主席却摆摆手说："乡亲们都站着，我毛泽东和大家一样，也站着。我个头高，站在前面会挡住后面的人看戏，我还是站在后面吧。"

可想而知，这场戏怎么还能安安静静地看，自然是议论声、感慨声不断。在毛主席的一再劝说下，群众才稍微安静了下来。毛主席听不懂晋剧，身边的百姓就给他比画着说。

戏演完之后，毛主席走上戏台与演员们一一握手致谢，并为木头峪群众剧团题写了"与时并进"四个大字。

## 服从命令的毛主席

随着全国解放战争和陕北战场形势的好转,毛主席和中央前委也相对安全了许多。为了让中央前委能够度过寒冷的冬天,毛主席率中央前委从佳县神泉堡转移到米脂县杨家沟村,他们住进了条件相对好一些的马氏庄园。虽然住在了条件比较好的杨家沟,大窑洞看起来很气派,但生活条件依然艰苦,粮食和物资依然十分匮乏。

住在杨家沟后,毛主席的工作就更忙了,不仅要指挥全国的解放战争、土地革命运动,而且还要考虑工商业政策、统一战线、整党、新区的工作等,他要为即将到来的伟大胜利做好准备。"十二月会议"期间,毛主席日夜不停地接待各解放区来的司令员、指挥员;阅读各解放区送来的文件、材料、报纸,并对每一份材料进行批注、摘抄。连续多日的忙碌,毛主席很多时候连饭也顾不上吃。

有一天,毛主席独自一人在窑洞里看电文,突然感觉头晕目眩,他双手扶着椅子用力支撑着身体,但还是从椅子上滑了下来,昏倒在地。幸好周恩来去找主席商量事情,一进窑洞看见他躺在地上一动不动。周恩来一边扶起主席,一边喊外面的人快叫医生。毛主席听到有人在呼喊,强打精神,慢慢地睁开双眼,周恩来这才松了一口气。

经过医生的诊断,毛主席是因劳累过度和营养不良导致昏厥。周恩来吩咐工作人员去灶房熬一碗小米粥,要多放几颗红枣,给主席补补身体,红枣小米粥算是当时最有营养的食物了。医生临走时再三叮嘱毛主席,要好好休息,不能再通宵工作。毛主席安慰身边的人不要

毛主席惦记着工作。

毛主席不乖。

担心，说休息一下就好了，说话间双眼还盯着桌子上的电报。

"主席，你必须要好好睡一觉了，今天不许你再看任何文件！"周恩来以命令的口气说道。

毛主席没想到一向温和的周恩来今天竟这么严厉。

"好！好！好！我服从命令，那我就半躺在椅子上睡觉吧。"

周恩来知道，毛主席这已经是做了妥协，就没再坚持。周恩来站在毛主席身边，看着他微微眯上了眼睛才悄悄地离开，在窑洞外面又叮嘱工作人员说："今天盯着主席，不许再劳累。"

工作人员只好硬着头皮答应了。

毛主席确实"乖"了一次，安静地在椅子上半躺着。吃过为他特意熬制的红枣小米粥后，自觉身体已经恢复得挺好了，他让工作人员和警卫员各自去忙，没有招呼不要进来。大家以为毛主席要睡觉了，就放心地走了。没过一会儿，毛主席又把电文拿在手里，认真地看了起来。

## 没法再补的衬衫

　　一天夜晚，新调到毛主席身边工作的女战士，也是照料李讷生活的韩桂馨阿姨，在小油灯下为毛主席缝补衬衫。这件衬衫已经不知补过多少回了，补丁周围的布，糟得连针线都连不住了。韩桂馨把衬衫翻来翻去看了几遍，实在不好下手，便跑去找毛主席的警卫员商量。

　　韩桂馨推开警卫员李银桥住的窑洞门，轻轻地抖着手里的衬衫问："主席这件衬衫没法再补了，怎么办？让主席穿这破衬衫，咱们心里能好过吗？为什么不给主席领件新的？"

　　"我好几次要领新的，主席都不让！"李银桥一脸无奈地说道。

　　"我去找主席说！"韩桂馨说着扭头要走。

　　"你别去打扰主席了，还是我去请示吧。这件衬衫，我看也没法再补了。主席的衣服从来都是补了穿、穿了又补的，他那件粗毛衣的袖子上，还补了两块不同颜色的补丁呢！"李银桥拦住韩桂馨说道。

　　"毛主席早就有过规定，未经批准，不许为他更换新的衣物和用具。"另一名警卫员也说。

　　"你不知道的事情还多着呢。主席有一条粗布褥子，是长征结束初到陕北的时候，在大家的再三劝说下缝的。主席在瓦窑堡铺的是它，在保安铺的是它，在延安铺的是它，现在铺的还是它，已经用了十几年了。主席的生活用具更是简单，满打满算也就三件：脸盆、毛巾和茶缸。那个搪瓷脸盆，本来是藕荷色的，一路行军，早就碰磕成花的了。主席洗脸用它，洗脚也用它。那条毛巾，也不知用了多长时间了，磨得颜色都没了，主席用它既擦脸，又擦脚。我曾想多备一条，把旧的顶替下来专门擦脚。主席则开玩笑说：'要平等，脚比脸辛苦呀！分开了，脚会有意见的。'再说那个焊了几块疤的白搪瓷茶缸子吧，它是主席烧水、喝水、熬麦片粥的三用杯。路上渴了，我们就用它烧点水给主席喝；夜间饿了，我们就用它熬点麦片粥给主席充饥。前几天缸子又漏了，我去请示主席换个新的，主席仍然不同意。他说：'要物尽其用，焊一下就行了，何必换新的呢！'我只好再请师傅焊了一次。我拿着焊好了的缸子给主席送水时，主席接过缸子看了一下说：'这不是很好嘛！'"

韩桂馨听了李银桥说的话，情不自禁地流下了眼泪。

李银桥说完拿着衬衫去找毛主席，不一会儿就回来了，对韩桂馨说："主席还是不同意换新的。他说：'还是费心补一补吧，衣服破些没关系，能多穿一天，就多穿一天嘛。'"

韩桂馨含着泪水，回到自己的窑洞，拨亮小油灯，一针一线仔仔细细地补着毛主席那件旧衬衫，心中久久难以平静。

## 被马咬耳朵的小男孩

毛主席和中央前委住在杨家沟时，曾发生过一件意想不到的事情。

一天，有一个小男孩穿着单薄而且打着好多补丁的棉衣，悄悄地来到部队的马厩，这里是为部队饲养马匹的地方。小男孩在喂马的石槽子里来回扒拉着，结果惊动了旁边的一匹大白马，大白马突然回头咬了男孩耳朵一口，男孩的耳朵被咬了一个大口子，哇哇地哭了起来。

警卫员听到哭声跑过去，见一个小男孩正捂着一只流血的耳朵哭泣。警卫员问小男孩耳朵怎么流血了，问了好几次，小男孩就是不说。警卫员耐心地哄着小男孩，他才敢说出实情。原来这个小男孩实在是太饿了，就悄悄地找到马厩，看看能不能在草料里找到黑豆吃。小男孩扒拉开草料，刚捡起几颗黑豆，正要往嘴里放，就被马看见了，张嘴就把小男孩的耳朵给咬了。

警卫员赶紧领着小男孩去部队医院包扎伤口，又把他领到伙房给他拿了一些吃的。很快，警卫员把这件事情告诉了毛主席。毛主席听了很是难过，他吩咐说："村里还有人家吃不上饭啊！我们的马却还有黑豆吃，不应该。现在马也不用跑远路，即日起，减少草料里黑豆的数量。"

警卫员正要跑去通知马厩的管理人员，毛主席又拦住他说："即日起，住在杨家沟的所有干部和士兵，包括我在内，每月减少一点粮食，把省下的粮食分配给村里生活过得苦的人家。"

警卫员应答着毛主席的吩咐刚走出窑洞，这时，毛主席的女儿李讷从窑洞里跑出来，喊着警卫员说："叔叔，请您把这几块糖送给那个被马咬伤的小哥哥，吃了糖，耳朵就不疼了。"

警卫员给李讷敬了一个礼说："是，请小李讷同志放心，我保证完成任务！"

大家听了他们说的话，都开心地捂着嘴笑。

要是现在，也不会发生这样的事情啊。

要是现在，就能治好。

那个小哥哥的耳朵后来治好了吗？

部队的医疗队把小男孩的耳朵给包扎好了，由于当时的医疗条件差，人长大了，耳朵上的口子还有呢。

## 拒绝祝寿

在杨家沟召开"十二月会议"的第二天,正是毛主席的54岁生日。在此之前,各解放区发来电报,纷纷为毛主席祝寿,有的说要打几个漂亮的胜仗,并且部署了战斗计划,请中央批准,但都被毛主席拒绝了。会下,毛主席跟大家说:"如果不是为我祝寿,我可以批准,为我个人,我不能批准。为我祝寿打漂亮仗,不为我祝寿就不打漂亮仗了吗?!"

大家都觉得,在外地的同志不方便为毛主席祝寿也就罢了,可是住在杨家沟的中央前委机关,借新年之际,在庆祝1947年的辉煌胜利时,顺便为毛主席祝寿是可以的。于是大家纷纷找汪东兴商议为毛主席祝寿的事。

汪东兴说:"主席已经拒绝了各地的要求,如再提祝寿,他肯定不同意。"

大家听了仍不甘心,又提议:不举行仪式,只开个晚会,和毛主席见见面也好。汪东兴说服不了大家,只好去请示周恩来。

"我看主席是不会同意的,既然大家一再要求,你就去和主席再商量一下。"周恩来说道。

汪东兴既忐忑又兴奋地去找毛主席商量,他心想,如果主席同意,就请一些人陪他吃顿饭,再请晋绥军区贺龙司令员派来的剧团演一场戏。结果毛主席还是拒绝了汪东兴的请求。

"在战争期间,许多同志为革命的胜利流血牺牲,应该纪念的是他们,为我一个人祝寿,太不合情理。而且,部队和机关的同志没有

粮食吃，搞祝寿活动，这是让我脱离群众，不可行。再说，我才五十多岁，如果不被胡宗南打死，还大有活头，更用不着祝寿。"毛主席耐心地跟汪东兴说道。

汪东兴刚要再劝，毛主席笑着说："有谁听说过，祝寿就可以长寿的人啊！"

随后毛主席做出规定：一不许请客吃饭；二不许唱戏，如果剧团来了，过几天再演，过年先演给老乡们看；三不许开庆祝会。

大家拗不过毛主席，只好打消了祝寿的想法。

汪东兴想到毛主席每日操劳，已经很久没有和李讷在一起吃饭了，今日是主席的生日，就借此机会，特意安排把一直吃大灶的李讷领到主席住的窑洞里，毛主席和女儿李讷难得团圆一次。晚饭间，毛主席说："有乖女儿在，就是最好的祝寿了。"

吃饭时，勤务员端上了一个比往常稍微好一点儿的菜，毛主席看了看，把勤务员喊进窑洞，吩咐他把菜端出去给高师傅吃。毛主席这是间接地批评灶房搞特殊。高师傅正准备再炒一个菜呢，领会了毛主席的用意，便不敢再做了。

## 东渡黄河

  黄河自古是天险，风高浪急，十分凶险。为了党中央和毛主席的安全，中央前委安排汪东兴来到东面的川口村做东渡黄河的准备工作。汪东兴一到川口村，立刻请来当地的干部开会，寻找渡船和船工。经过十几天的修船和训练船工，最后修好了八九条船，选了几十名船工，都汇集在黄河渡口，随时准备护送毛主席和解放军过黄河。

  此时的大地虽已沐浴在春色中，陕北却依然寒冷，黄河上还有零星的冰块，九曲黄河在东方升起的红日照耀下，犹如一条翻滚的巨龙，闪烁着金光。

  毛主席和中央前委的工作人员沿着黄河西岸向南进发，此时正是1948年3月23日的上午。三位中央首长在河滩上漫步沉思，一会儿看看黄河，一会儿远望对面的山西大地，一会儿回首凝视陕北的黄土高原。毛主席一到渡口，汪东兴便迎上去汇报情况。毛主席握住他的手说："东兴同志，你的眼睛怎么肿了？人也黑了、瘦了。"

  "不妨事，可能是睡少了。"汪东兴答道。

  "把你累成这样，真够辛苦了！听恩来说，你们把东渡黄河的准备工作做得很好，我们可以放心大胆地过黄河了。"

  中午，灶房的师傅送来了饭菜和热水，毛主席等首长席地而坐，就在黄河岸边吃午饭。当地干部有些过意不去地说："我们没有照顾好首长，让首长受苦了。"

  "你们照顾得很好，但赶路要紧，在这样开阔的地带，也不好停留太久，简单吃一些就可以了。"周恩来站起来安慰他们。

"我们这么多人吃饭，你们要做很多工作，很辛苦。我们打游击在野外吃饭都习惯了，没什么问题。陕北的乡亲们对我们很好，现在要离开陕北了，心里确实舍不得啊。等全国都解放了，我们还会来看望大家的。告诉大家，党中央是不会忘记陕北，不会忘记陕北人民的。"毛主席深情地说道。

担心敌人的飞机随时可能来侦察轰炸，为了确保安全，部队首长饭后稍作休息，便准备渡河了。毛主席等首长与当地干部一一握手告别，又挥手向百姓致意。这时人群不约而同地向河边移动，依依不舍。

毛主席、周恩来、任弼时站在船上，回首面向送行的群众，不停地挥手，眼睛湿润，内心久久难以平静。汪东兴提醒三位首长，黄河水流湍急，船不稳，请尽快坐下。毛主席又弯着腰与船工们一一握手："谢谢！谢谢！劳累你们了！"

木船缓缓地离开了黄河西岸，刚才还算平静的水面，一到了中间，河流突然急促起来，冰碴子随着巨浪翻卷，木船在波涛中前后左右地摇晃，溅起的水花不时打在船上人的身上。毛主席点燃一支香烟，伟岸的身躯随着木船的节奏晃动着。祖祖辈辈在黄河滩上讨生活的船工，个个精神抖擞，唱着船工号子，与咆哮的黄河斗智斗勇。

74

你们可不要小瞧这双粗糙的大手。这位老爷爷叫薛国保,八十八岁了。七十多年前,就是他这双大手摇着船橹,把毛主席送过黄河的……

老爷爷的手好大好粗糙啊!

老爷爷真了不起!

你晓得天下黄河几十几道弯哎？
几十几道弯上有几十几只船哎？
几十几只船上有几十几根杆哎？
几十几个艄公哟嗬来把船儿搬？
我晓得天下黄河九十九道湾哎！
九十九道弯上有九十九只船哎！
九十九只船上有九十九根杆哎！
九十九个艄公哟嗬来把船儿搬。

渡船在巨浪的冲击下，不断地摇晃，毛主席骑的那匹白马受到惊吓，扑通一声掉进了河流中。有人呼喊："白马掉河里了！"

毛主席听到喊声，站起身来问："出了什么事情？"一名战士说："是您的马掉河里了。"

毛主席一听，紧张起来，很心疼的样子。毛主席看见落水的白马一个劲儿地往回游，就把马夫王振海叫过来说："马一直是由你拉的，马认识你，只要让它看见你，马就会往我们这边游。"

　　王振海急得又喊又叫，还跺着脚。这一招还真灵，白马听到了他的声音，就往河东岸游了。

　　靠着船工们的精湛技艺和胆大心细，部队和首长有惊无险地渡过了黄河。上岸时，毛主席再次向船工表示感谢。

　　船工们齐声高呼："毛主席再见！周副主席再见！"

　　毛主席站在黄河东岸，久久不忍离去，极目远望，黄河西岸的群众仍然不肯离去。毛主席高抬手臂挥动着，并感慨地说："陕北人民对革命做出了很大的贡献，我们永远都不能忘记！"

　　周恩来也说："是啊，陕北人民太朴实了，我们会永远记住他们，我们的下一代也会记住他们！"

　　毛主席和党中央东渡黄河之后，川口村的村民编了一个顺口溜，流传至今：

四八年三月二十三，
毛主席来到川口滩，
他说陕北是个好地方，
过河就是咱班船。
……

这次跟老师到陕北，你们有什么感受啊？

长大后我要当一名人民解放军，保卫祖国，保卫人民。

哥哥，我的脚不疼了，可以自己走了，把我放下来吧。

我体会到了今天的幸福生活，真的来之不易。我要像毛主席那样，学本领，心里想着国家，想着人民。

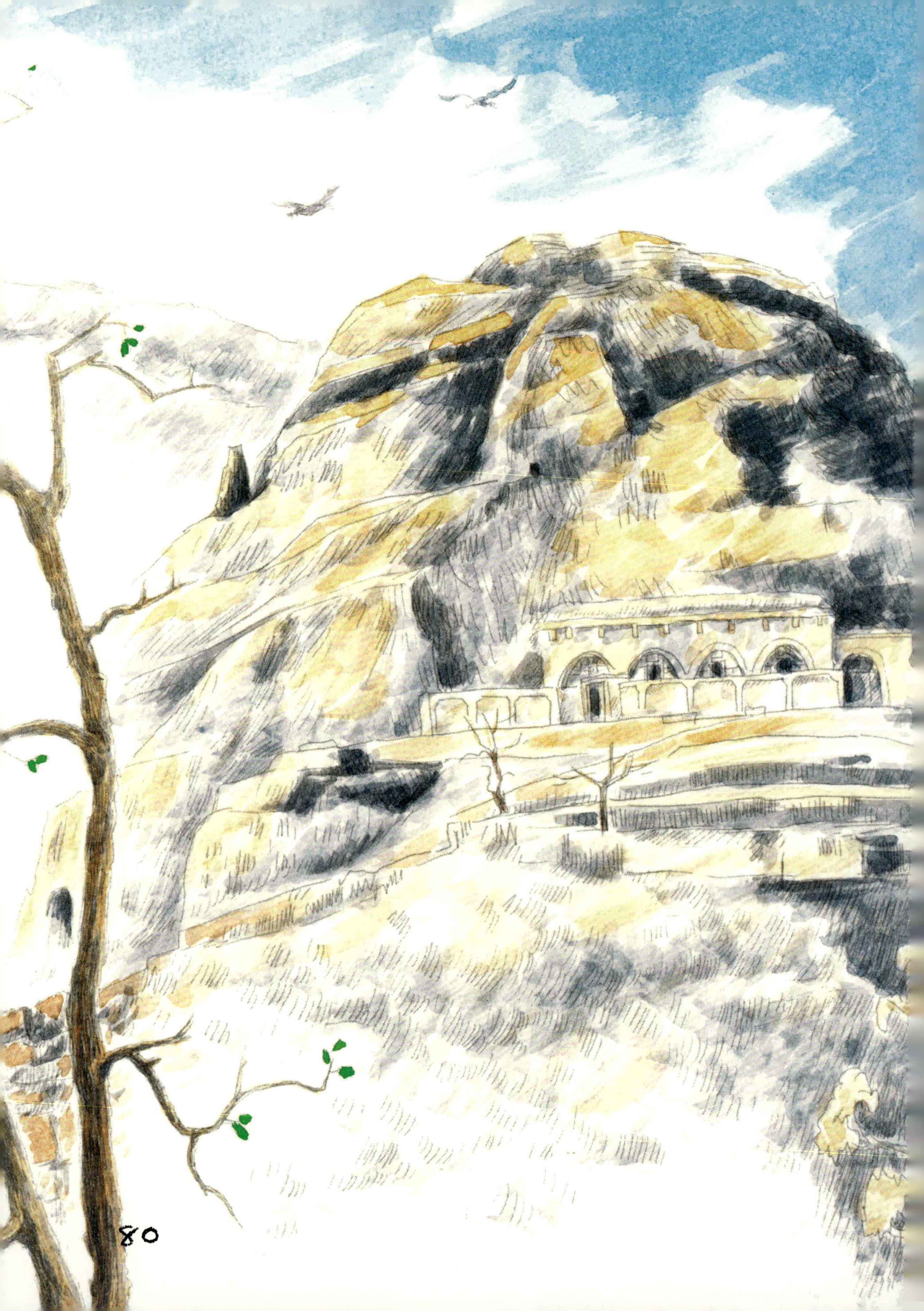